Günthers-
burgpark
Integrierte
Gesamtschule
Nordend
Comeniusstraße
Usinger Str.
Im Prüfling
Throner Str.
Rendeler Straße
Dorfeld-
Straße
Bethanien-
Krankenhaus
er Straße
Bornheimer
Fünffinger-
plätzchen
Heidestraße
Saalburgstraße
Bunker
Burgstraße
Straße
Bürgertreff
Petterweilstraße
Wiesenstraße
Berger Str.
Ringelstraße
Bornheim
U
Bornheim-Mitte
Eichwaldstraße
Heidestraße
Spessartstraße
Mainkurstraße
Fechen-
heimer
Straße
Berger Straße
Kath.
Kirche
Straße
Roßdorfer Straße
Ringelstraße
Stauffenberg-
Schule
Arnsburger
Höhenstraße
Bürger-
haus
0
100
200 m
© KARTOGRAPHIE Peh & Schefcik
Bornheimer Landwehr
Scheids-
waldstraße
Würzburger Str.
Linné-
Schule
Linnéstraße
Habsburger-
allee
Wittelsbacherallee

Jörg Harraschain, Holger Ehling
Nordend

Jörg Harraschain,
Holger Ehling

Nordend

Die schönsten Streifzüge durch Frankfurt

SOCIETÄTS
VERLAG

Satz: Nicole Proba, Societäts-Verlag
Umschlaggestaltung: Nicole Proba, Societäts-Verlag
Druck und Verarbeitung: CPI – Ebner & Spiegel, Ulm
Printed in Germany 2011

ISBN 978-3-942921-07-7

Inhalt

Dankeschön

Bei allen Buchprojekten gibt es Menschen, die den Autoren mit Rat, Tat und guten Ideen zur Seite stehen. Da sind zum einen unsere „Nordend"-Testleser Yasemin Dölen, Walter Dorn, Anke Mansky, Willi Preßmar, Fritz Reuter, Irmgard Sanders, Monika Trebert und Alfred Weinrich, denen wir so manchen interessanten Hinweis verdanken. Achim Mittler, Rolf Oeser, Dieter Church und das Institut für Stadtgeschichte haben Bilder zur Verfügung gestellt, dafür herzlichen Dank. Dieser gilt natürlich auch unserer Lektorin Sibylle Schmidt vom Societäts-Verlag.

Besonderer Dank gebührt dem Meister der Nordend-Fotografie, Robert Schuler, ohne den wir Autoren, die wir seit vielen Jahren Nachbarn sind, nicht zusammengefunden hätten.

Der Nordender an sich

Gebildet ist er, oftmals hochgebildet, manchmal eingebildet. Der Nordender – Nordenderinnen sind natürlich mit gemeint – ist sehr produktiv, insbesondere dann, wenn es ums Kinderzeugen geht. Sein Lieblingsort heißt „Größenwahn“, im örtlichen wie im übertragenen Sinne. Seine Vorlieben sind das Zeitung-

„Stimmt!“, sagt der Nordender

lesen, das Kaffeetrinken, das Kommunizieren mit anderen – insbesondere mit seinen Nachbarn –, das gute Essen in einem schicken Nordend-Lokal. Einen guten Wein verachtet er auch nicht. Er geht gerne ins Theater und vor allem in die „Stalburg", weil es dort so schön eng ist und er immer jemanden trifft, den er schon kennt. Die Anti-Raucher-Regelung findet er prima, weil er mit Gleichgesinnten gerne vor der Kneipentür steht und so einen Schwatz halten kann.

Der Nordender liebt das Fahrrad und zeigt das auch, indem er sein kostbares Gut auf die Straße stellt und es an einem Stahlbügel auf einer „Gehwegnase" anschließt.

Eigentlich ist er ein Revoluzzer, insbesondere dann, wenn er schon einen über den Durst getrunken hat. Er ist oft vom Hausbesetzer zum Haus(mit)besitzer mutiert, regt sich aber über Gesellschaften auf, die das Hauseigentum profitorientiert verwerten. Er regt sich überhaupt gerne auf, vor allem über die, die sich nicht so verhalten wie er, zum Beispiel bei der Mülltrennung. Sein ökologisches Verhalten empfindet er selbst als vorbildlich – allerdings ruiniert er seine Ökobilanz durch das häufige Reisen mit dem Flugzeug in alle Welt. Er wählt mit Vorliebe grün, weil er auf diese Weise sein schlechtes Gewissen beruhigt und er glauben kann: „Die werden es schon richten."

Der Nordender hat drei Probleme: a) Er findet keinen legalen Parkplatz. b) Er weiß nicht, ob er „Nordender" oder „Nordendler" genannt werden will. Grammatikalisch richtig ist „der Nordender". Das klingt aber zu sehr nach Hirschgeweih, was er nicht ausstehen kann, da das nach Bayern riecht. „Der Nordendler" gefällt ihm aber auch nicht, da er

Graffiti am Oeder Weg

unter Umständen mit einem traditionellen Karnevalsclub in Beziehung gebracht wird, was er ebenfalls nicht will. c) Er hat ein dickes Problem mit Bornheim, denn viele Alteingesessene, die östlich der Friedberger Landstraße und nördlich der Günthersburgallee wohnen, meinen noch immer, sie lebten in Bornheim, obwohl die „Staatsgrenze" zwischen beiden Stadtteilen schon 1972 geändert wurde.

Der Nordender liebt auch deshalb seinen Stadtteil, weil er hier fast alles einkaufen kann, ohne weite Wege gehen zu müssen. Am liebsten würde er alles so belassen, wie er es vorgefunden hat, als er einzog oder hier geboren wurde. Auch würde er gerne Artenschutz für sich bei der UNO beantragen. Da dies aber nicht geht, setzt er sich im Ortsbeirat entschieden für eine Milieuschutzsatzung ein.

Mit einem Wort: Der Nordender ist ein grün-roter Konservativer, der von Utopia träumt und im Café taz, FAZ und Bild-Zeitung liest.

Die wahre Größe des Nordends erkennen – eine nicht ganz einfache Lagebestimmung

Die Bezeichnung „Nordend" wurde in Frankfurt etwa ab 1850 gebräuchlich, um den allmählich entstehenden Stadtteil zu beschreiben. Dank des raschen Wachstums der Stadt wurde das vor den alten Wallanlagen gelegene Areal allmählich erschlossen und liegt heute im Herzen der Stadt. Bis zum Beginn des 19. Jahrhunderts hatte es hier lediglich einzelne Gutshöfe gegeben, wie etwa den „Adlerflycht'schen Hof", den „Stalburgischen Hof", den „Holzhausen'schen Hof" oder den „Bertramshof". Auch gab es etliche Weingärten vor den Toren der Stadt, wie man noch heute am Lohrberg sehen

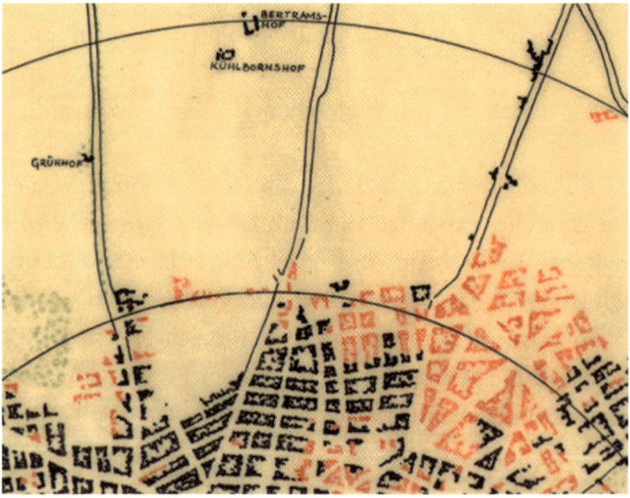

Nordend-Erweiterung zwischen 1890 und 1900 – Institut für Stadtgeschichte

kann. Zur „Holzhausen-Oed“ führte auch schon im Mittelalter der Oeder Weg, dessen Name nicht bedeutet, dass es hier besonders langweilig zuging. Ganz im Gegenteil: „Oed“ leitet sich von „Od“ ab und bedeutet „wertvoll“, wie auch im Wort „Kleinod“.

Die nachhaltige Bebauung des Nordends begann um die Mitte des 19. Jahrhunderts und erreichte ihren Höhepunkt in den Jahren zwischen 1890 und 1914. Das Holzhausenviertel, der vielleicht großzügigste Teil des Nordends, wurde erst ab 1910 bebaut. Die eigentliche „Gründerzeit“ zwischen 1870 und 1890 war also schon vorüber, bevor die meisten Häuser entstanden. Trotzdem hat es sich eingebürgert, dass man von „Gründerzeithäusern“ im Nordend spricht. Viele Hinterhäuser, die damals für Handwerksbetriebe errichtet worden waren, sind heute exklusive Wohnungen. Die Hinterhöfe wurden in begrünte Idylle umgewandelt.

„Gründerzeithäuser“ in der Egenolffstraße

Größere Industriebetriebe konnten in dem dicht besiedelten Wohngebiet keinen Platz finden. Die größten Arbeitgeber des Nordends sind heute der Hessische Rundfunk am Dornbusch, die Fachhochschule am Nibelungenplatz sowie das Polizeipräsidium und die Deutsche Nationalbibliothek an der Adickesallee. Die 1908 gegründete Pharmafirma Merz an der Eckenheimer Landstraße ist mit ca. 1.500 Mitarbeitern der größte gewerbliche Arbeitgeber.

Das Nordend ist umgeben vom Stadtteil Dornbusch im Norden, Bornheim und Ostend im Osten, der Innenstadt im Süden und vom Westend im Westen.

Fragt man Nordend-Bewohner, wo genau die Grenzen ihres Stadtteils verlaufen, bekommt man in der Regel sehr unterschiedliche, oftmals falsche Antworten. Einige Bewohner kennen die Grenzen gar nicht. Andere meinen, sie wohnten in Bornheim, sind aber faktisch Bürger des Nordends. Ganz kompliziert wird es, wenn man den

Die Vogelsbergstraße im Jahre 1904

Karte vom Quartier Höhenstraße/Arnsburger Straße/ Wiesenstraße/Burgstraße

Stadtteil Nordend mit dem Ortsbezirk 3 Nordend vergleicht, in dem alle kommunalpolitischen Fragen behandelt werden. Die Zuordnungen sind nämlich unterschiedlich. Das Quartier zwischen Höhenstraße, Arnsburger Straße, Wiesenstraße und Burgstraße gehört zwar zum Stadtteil Nordend, wird aber politisch vom Ortsbeirat 4 (Bornheim/Ostend) betreut.

Die Begriffsverwirrung hängt vor allem damit zusammen, dass die Grenzen zwischen Bornheim und dem Nordend erst mit der Einrichtung der Ortsbeiräte im Jahr 1972 genau festgelegt wurden. Ursprünglich verlief die Gemarkungsgrenze in etwa von der Friedberger Warte aus entlang der Friedberger Landstraße bis zum Friedberger Platz. Viele ältere Menschen, die östlich der Friedberger Landstraße oder nördlich der Rothschildallee wohnen, fühlen sich immer noch als Bornheimer, obwohl sie seit 1972 im Nordend ihr Zuhause haben.

Die amtliche Statistik der Stadt Frankfurt kennt sogar zwei Nordend-Stadtteile: **Nordend/West** und **Nordend/Ost**. Der westliche Teil ist wohlhabender. Hier sind die Wohnungen größer, meist 4 bis 5 Zimmer um die 100 Quadratmeter. Im östlichen Teil des Nordends überwiegen die Dreizimmerwohnungen um die 70 Quadratmeter. Auch beim Einkommen und in der Arbeitslosenstatistik machen sich diese Ost-West-Unterschiede bemerkbar.

Blick über das Nordend vom Philanthropin

Das Nordend hat derzeit etwa 56.000 Einwohner. In seiner Blütezeit 1961 beherbergte das Nordend mehr als 86.700 Menschen und galt als das Stadtgebiet mit der höchsten Einwohnerdichte Europas. Es überwiegen heute die Single-Haushalte; allerdings hat sich das Nordend in den vergangenen Jahren zu einem der geburtenfreudigsten Stadtteile Frankfurts entwickelt. Der Anteil der Menschen mit Migrationshintergrund liegt im städtischen Durchschnitt und beträgt rund 30 Prozent. Der größte Teil von

Für Nachwuchs wird im Nordend gesorgt!

ihnen stammt aus dem ehemaligen Jugoslawien, aus der Türkei und aus Italien. „Multikulti" wird von den Bewohnern des Nordends sehr positiv erlebt.

Von der „grauen Maus" zum beliebten Wohnviertel Frankfurts

„Nordend", ist eine häufig gehörte Antwort auf die Frage, wo man in Frankfurt gerne leben möchte. Gute Einkaufsmöglichkeiten, hervorragende Kneipen, beste öffentliche Nahverkehrsverbindungen, viele Schulen und Kindertageseinrichtungen, dazu vier Parks – viel besser kann ein Stadtteil gar nicht ausgestattet sein. Entsprechend ambitioniert sind heutzutage auch die Preisvorstellungen von Vermietern und Verkäufern von Wohnungen. Dabei galt noch bis zum Beginn der 1960er Jahre das Nordend als ein Problemviertel Frankfurts. Die Wohnungsmieten waren günstig, mit der Folge, dass Studenten zuhauf hier einzogen und den bis dahin proletarisch-kleinbürgerlichen Stadtteil belebten. Heute ist die Zahl prominenter Persönlichkeiten aus den Bereichen Kunst und Kultur, die sich im Nordend niedergelassen haben, beeindruckend hoch. Mit der Studentenbewegung entstanden in den 1970er Jahren etliche antiautoritäre Kinderläden und deren Trägervereine im Nordend. Auch die Frauenbewegung fand Platz für ihr Frauenzentrum (Eckenheimer Landstraße 72) sowie für das erste Frauenhaus Frankfurts (Rotlintstraße). Zu beiden Einrichtungen war Männern der Zutritt verboten. Im Laufe der Zeit entwickelte sich das Nordend zu einer der Hochburgen der Grünen in Deutschland. Bis heute verbuchen die „Ökos" bei Kommunalwahlen Stimmenanteile von 30 bis über 40 Prozent.

Ortsbeiratswahlen von 1997 bis 2011					
	1997	2001	2006	2011	Sitze
	%	%	%	%	
CDU	29,9	28,9	27,9	22,2	4
SPD	24,0	25,2	18,4	16,5	3
Grüne	34,3	34,5	33,6	42,5	8
FDP	5,8	7,7	6,7	4,2	1
ÖkoLinX		4,4	4,3	3,8	1
Die Linke			7,5	6,4	1
Freie Wähler				2,2	1

Wahlergebnisse 1997 – 2011

Etliche Straßenfeste trugen zur Urbanität des Stadtteils bei – und auch dazu, dass ein „Wir-Gefühl“ entstand. Nachbarschaften wurden und werden heute noch gepflegt, und Per-

Nachbarschaftsfest in der Schwarzburgstraße

Die Friedberger Warte

sonen, die vor 30 oder 40 Jahren in einem der vielen Kinderläden zusammengearbeitet haben, treffen sich dieser Tage wieder im städtischen Seniorenprojekt „Neue Nachbarschaften". Die Zeit vergeht, aber irgendwie bleibt der Nordend-Geist erhalten: Das bezeugen die Versuche, Senioren-WGs oder generationenübergreifende Wohnprojekte im Stadtteil zu etablieren.

Im Laufe der Jahre entwickelte sich im Nordend eine bemerkenswerte Kneipen- und vor allem Café-Szene. Die Nordend-Kundschaft ist durchaus zahlungskräftig und wird entsprechend mit kulinarischen Angeboten versorgt: „Je länger die Schürze, desto höher die Preise" könnte für einige der in den letzten Jahren angesiedelten Gastronomien als Motto gelten.

Das Nordend ist gut zu erreichen. Von der Innenstadt aus kann man bequem zu Fuß ins Nordend gehen, oder man erreicht den Stadtteil mit den U-Bahnen U1, U2, U3, U4,

U5 und U8 sowie mit der Straßenbahnlinie 12. Die neue Linie 18 soll ab Ende 2011 von der Innenstadt über die Friedberger Warte bis nach Preungesheim fahren. Nicht zu vergessen sind auch die Buslinien 30, 32 und 36, die den Stadtteil durchqueren.

Am stärksten durch Autoverkehr belastet ist die Friedberger Landstraße, die vielen Pendlern als Einfallstraße dient. Nicht zufällig hat sich eine dort ansässige Kneipe den Namen „Feinstaub" gegeben. Der Alleenring mit Adickes-, Nibelungen- und Rothschildallee bildet eine stark befahrene Ost-West-Achse und zerschneidet so das Nordend. Der Anlagenring begrenzt im Süden den Stadtteil und schleust den Autoverkehr um die Innenstadt herum.

Viele Nordend-Bewohner stellen ihr Fahrrad auf den neu errichteten „Gehwegnasen" ab: Das sind farbig gepflasterte

„Gehwegnase" an der Glauburgstraße

Flächen an etlichen Straßenkreuzungen, auf denen Fahrradständer installiert wurden.

Das Nordend zeichnete sich früher durch viele kleine Läden und Handwerksbetriebe aus. Viele Läden waren an Straßenkreuzungen, die Betriebe oft in Hinterhöfen zu finden. Die Hausecken an den Kreuzungen sind meist abgeschrägt, an den Ladeneingängen gibt es oft ein paar kleine Stufen. Die meisten der alten Unternehmen sind inzwischen verschwunden, dagegen haben vor allem Apotheken und Gastwirtschaften ihre Standorte über die Jahrzehnte behalten. Seit ein paar Jahren ist zu beobachten, dass sich wieder mehr Selbstständige und Kleinbetriebe im Nordend ansiedeln. Wir entdecken im Stadtteil immer mehr kleine Modeboutiquen, Schmuck- und andere Kunstgewerbeläden, Schneidereien, Antiquitätenläden, Buchhandlungen und anspruchsvolle Lebensmittelgeschäfte.

Die Metallbau-Firma Brendel hat überlebt

Das Nordend beherbergt viele Institutionen von überregionaler Bedeutung: den Hessischen Rundfunk, dessen Rundbau nach dem Zweiten Weltkrieg als Bundestagsgebäude vorgesehen war, die Deutsche Nationalbibliothek, die Fachhochschule, das Polizeipräsidium, die Stiftung für Blinde und Sehbehinderte, das Gehörlosenzentrum, die Frankfurter Bürgerstiftung im Holzhausenschlösschen,

Das Shell-Hochhaus (BCN)

das russische Generalkonsulat am Oeder Weg sowie zahlreiche weitere Konsulate. Mit seinen 110 Metern ist das Shell-Hochhaus (heute BCN: Bürocenter Nibelungenplatz) das höchste Gebäude im Nordend.

Außerdem gibt es im Nordend sechs Krankenhäuser und einige Schulen – darunter die größte Berufsschule Hessens, die Berta-Jourdan-Schule, und die größte jüdische Schule Frankfurts, die Isaak-Emil-Lichtigfeld-Schule im Philanthropin. Das größte Kino Frankfurts, das „Metropolis", ist im ehemaligen Volksbildungsheim am Eingang des Oeder Wegs untergebracht. In der Adlerflychtstraße findet der Cineast das kleinste Kino der Stadt: das Programmkino „Mal Seh'n" mit der Szenekneipe „Filmriss".

Alles gut also im Nordend? Fast alles! Wegen der dichten Bebauung sind Parkplätze äußerst knapp. Die Beliebtheit des Viertels führt außerdem zu ständig steigenden Mieten

„Schlachterei Nordend"

Residenz in der Zeißelstraße

und zu einem Boom bei den Umwandlungen von Miet- in Eigentumswohnungen – es gibt kaum ein Dachgeschoss im Viertel, das nicht ausgebaut worden ist. Das Nordend ist jedoch städtisch, quirlig, anziehend und unterhaltsam, besser geht es kaum.

Sehenswürdigkeiten im Nordend – ein Spaziergang

Das Nordend entfaltet auf den ersten Blick vielleicht nicht den gleichen pittoresken Charme wie Rothenburg ob der Tauber. Trotzdem gibt es viel zu entdecken zwischen Sandweg und Eschersheimer Landstraße – selbst ein echtes Schloss steht hier. Aber zunächst einmal gehen wir gemeinsam spazieren und schauen, was es so zu entdecken gibt.

Wir beginnen am **Hessendenkmal**, im südlichen Teil der Friedberger Landstraße. In den autoverrückten 1970er Jahren wurde die ursprünglich recht kurvenreiche Fried-

Das Hessendenkmal an der Friedberger Landstraße/ Mercatorstraße

berger Landstraße verbreitert, begradigt und verlegt. Der frühere Straßenverlauf im südlichen Teil ist die heutige Mercatorstraße.

Auch das Hessendenkmal wurde 1971 um etliche Meter versetzt. Es erinnert an die 82 Soldaten und Offiziere der hessischen Armee, die am 2. Dezember 1792 bei der Befreiung Frankfurts starben. An diesem Tag endete die sechswöchige Besatzung Frankfurts durch französische Revolutionstruppen. Die Künstler griffen tief in die Mythenkiste, um das Motto „Verteidigung gründet auf Stärke" darzustellen: Auf Basaltsäulen, angeblich eine für jeden gefallenen hessischen Soldaten, ruht ein Marmorwürfel, der das trügerische Kriegsglück symbolisiert. Auf einem Steinsockel sieht man Helm und Schild, einen Sturmbock sowie das Fell des von Herkules besiegten Nemëischen Löwen samt der Keule, mit welcher der Sagenheld dem Tier auf den Pelz gerückt war.

Ort: Hessendenkmal, Friedberger Landstraße
ÖPNV: Tramlinie 12, Buslinie 30; Station Hessendenkmal

Gleich gegenüber lädt der Bethmannpark mit dem Chinesischen Garten zum Verweilen ein – hierzu aber später mehr. Wir durchqueren den Park und biegen am anderen Ende nach links in die untere **Berger Straße** ein, die trotz gegenteiliger Beteuerungen eingefleischter Bornheimer tatsächlich Teil des Nordends ist. Diese lebendige Einkaufsmeile ist, wie das Nordend insgesamt, weitgehend frei von den immer gleichen Filialketten. Mit ihren Kneipen, Buchläden und Cafés sowie ihren teils erstaunlichen, teils skurrilen Lädchen ist sie von enormer Bedeutung für das „Kiez“-Gefühl, das die Bewohner des Stadtteils verbindet. An der U-Bahn-Station Merianplatz (U4) stoßen wir gleich auf die nächste architektonische Sehenswürdigkeit des Viertels: das **Merianbad**.

Das Merianbad im letzten Jahrhundert

Das Merianbad diente ab 1888 als öffentliche Badeanstalt für die Bürger des neuen Viertels – nein, nicht als Schwimmbad, sondern als „Volksbrausebad“. Man ging dorthin zum Duschen mit Seife und Bürste. Gestiftet hatte das Bad der Frankfurter Bankier Theodor Stern. Es erfüllte den wichtigen Zweck, die hygienischen Verhältnisse zu verbessern. Weil es in den meisten Häusern und Wohnungen keine Badezimmer gab, drohte in den rasant wachsenden Städten des späten 19. Jahrhunderts die Gefahr von Epidemien. In vielen deutschen Großstädten entstanden in dieser Zeit solche Volksbäder. In Frankfurt wurden 1903 in Bockenheim sowie 1904 in Sachsenhausen und in Bornheim ähnliche Einrichtungen eröffnet.

Innenraum des Merianbades

Das Merianbad ist die letzte verbliebene Einrichtung dieser Art in der Stadt.

Insgesamt 14 Duschzellen gab es in dem Bad, vier für Frauen und zehn für Männer, getrennt durch die Kasse. Der Eintritt kostete zu Beginn 10 Pfennig, und die Nordender nahmen das Angebot begeistert an: Im Schnitt wurden täglich zwischen 150 und 200 Bäder in Anspruch genommen; im Jahr 1895 kamen insgesamt 45.756 Personen zum Duschen. Selbst 1981 wurden noch 61.000 Besucher im Merianbad gezählt. In den folgenden Jahren gingen die Besucherzahlen allerdings deutlich zurück: Im Jahr 2000 waren es nur ca. 480 Personen.

Das achteckige Merianbad wurde einige Male umgebaut, und seit 2006 beherbergt es ein beliebtes Café. Wenn Ihnen nach dem schweißtreibenden Anstieg die Berger Straße hinauf nach Säuberung zumute ist, dann können Sie das Bad übrigens noch heute nutzen: An den Wochenenden steht das

Das Merianbadcafé

Merianbad zum Duschen zur Verfügung; den Schlüssel erhalten Sie im Café. Einmal Säubern kostet 2,50 Euro. Inhaber des Frankfurt-Passes kommen kostenlos hinein.

Ort: Merianbad & Merianbadcafé, Merianplatz 1-3
Kontakt: Tel.: (069) 26495455
ÖPNV: U4, Station Merianplatz

Wir verlassen am Merianbad die Berger Straße und spazieren die Luisenstraße entlang zum Luisenplatz. Der ist zwar nicht viel mehr als ein Rondell im Straßenverlauf, aber er markiert auch eine Erholungszone. In der Ära des Oberbürgermeisters Walter Wallmann, der sich als großer Brunnenbauer hervortat, sollte im Zentrum des Platzes ein Brunnen errichtet werden. Leider hat die Stadt diese schöne Idee wegen der Folgekosten nicht realisiert. Stattdessen stehen hier in der wärmeren Jahreszeit orangefarbene Stühle, die die Bürger je nach Stand der Sonne umstellen können.

Der Luisenplatz

Die empfehlenswerte Pizzeria „Forno d' Oro II" und ein Anwohner sorgen dafür, dass diese Stühle nicht wegkommen. Wir widerstehen auch den Verlockungen des Cafés

„Harvey's"

„Lido“ und gehen nun nach links in die Bornheimer Landstraße zur Kultkneipe **Harvey's**. Ihr Name erinnert an Harvey Milk, der in den 1970er Jahren als bekennender Homosexueller zum Stadtrat von San Francisco gewählt und ein Jahr später erschossen wurde. Ein Hauch von Alt-68er-Nostalgie umweht uns hier, da in diesem Haus einstmals Daniel Cohn-Bendit, Joschka Fischer und andere Heroen der Studentenbewegung wohnten.

Ort: Harvey's, Bornheimer Landstraße 64
Kontakt: Tel.: (069) 48 00 48 78
Internet: www.harveys-frankfurt.de
ÖPNV: Tramlinie 12, Buslinie 30; Station Friedberger Platz

Nun gehen wir zu unserem nächsten Ziel, dem Friedberger Platz.

Der **Friedberger Platz** hat im Laufe der Zeit viele Veränderungen erfahren. In der Mitte stand lange Zeit eine Litfaß-

Der Friedberger Platz um 1900

säule. Straßenbahnen kreuzten den Platz, denn eine Trambahnlinie verband die Bornheimer Landstraße mit der Koselstraße. Bis in die 1980er Jahre hinein wurde der Platz von zwei Tankstellen dominiert, die rechts und links die Friedberger Landstraße einrahmten.

Erst im Jahre 2001 wurde der Friedberger Platz endlich umgestaltet – mehr als 18 Jahre hatte der Ortsbeirat darauf gedrungen. Auf der westlichen Seite des Platzes entstand ein „Spendenwald", unter dem Boule gespielt werden kann.

Boule-Partie am Friedberger Platz

Bei „Conny's", der charmanten Kneipe ganz in der Nähe, kann man sich Kugeln ausleihen. Auf dem großen Platz entstand ein Wochenmarkt, der sich am Freitagabend großer Beliebtheit erfreut. Bei halbwegs akzeptablen Temperaturen findet man bisweilen kaum noch einen Stehplatz. Wo viele Menschen zusammenkommen, ist aber nicht immer alles eitel Sonnenschein: Weil recht häufig

Freitags nach 20 Uhr am Friedberger Platz

bis in die Morgenstunden gefeiert wird, beschweren sich immer wieder Anwohner über den Lärm und den zurückbleibenden Unrat. Deshalb gibt es von Seiten der Stadt Überlegungen, den Wochenmarkt auf Mittwoch zu verlegen.

Wir drehen uns um und biegen nach links ein in die **Günthersburgallee**. Sie ist die „gute Stube" des östlichen Nordends, ein wilhelminischer Prachtboulevard, auffallend großzügig für die Gegend mit den beiden Fahrbahnen und dem grünen Mittelstreifen. Sie präsentiert sich als ein weitgehend geschlossenes Ensemble von Gründerzeitbauten, an denen häufig sogar noch der architektonische Zierrat und die Erkerchen aus der Vergangenheit zu sehen sind. Viele der Häuser sind denkmalgeschützt. Über gut zwei Kilometer hinweg zieht sich diese Häuserzeile, die in Frankfurt ihresgleichen sucht. Dass dieser Teil des Nordends eines der fruchtbaren politischen Biotope war, aus denen in den 1970er Jahren zunächst die linke Protestbewegung und später die Grünen hervorgingen, zeigt sich heute noch an der Vielzahl von Kinderläden.

Am nördlichen Ende der Günthersburgallee lädt der Günthersburgpark zum Verweilen ein. Im Kapitel über die Parks des Nordends erzählen wir Ihnen hierzu mehr. Wir lassen den Günthersburgpark hinter uns und gehen entlang der Hallgartenstraße zurück zur Friedberger Landstraße.

Günthersburgallee

An der Kreuzung zur Nibelungenallee begrüßt uns am Nibelungenplatz das einzige echte Hochhaus des Nordends: das **Shell-Hochhaus**. Es wurde in den 1960er Jahren gebaut und war bei seiner Eröffnung das erste Frankfurter Gebäude mit einer Höhe von mehr als 100 Metern. Heute heißt es „Bürocenter Nibelungenplatz“ (BCN). Angeblich war dieses Haus seinerzeit das höchste Gebäude in Deutschland. In den 1990er Jahren wurde das Haus renoviert und mit einer neuen Glasfassade versehen. Eifrige Fernsehzuschauer kennen den Blick aus den oberen

Das Shell-Hochhaus

Stockwerken gut: Hier ist das fiktive Anwaltsbüro aus der ZDF-Serie „Ein Fall für zwei“ angesiedelt. Auch erwähnenswert: Bei seiner Eröffnung hatte das Gebäude einen Atomschutzkeller, denn dies war in den 1960er Jahren Vorschrift. Heute dient er als Tiefgarage.

Gleich gegenüber hat die **Fachhochschule Frankfurt** ihr Domizil. Rund 9.000 Studenten streben an der Hochschule, die zu den profiliertesten in Deutschland zählt, nach Bildung.

„Der ewige Student“ an der Fachhochschule

Weiter geht es die Nordendstraße entlang zur Eckenheimer Landstraße. Dort angekommen, wenden wir uns nach rechts und stoßen an der Kreuzung mit der Adickesallee auf die **Deutsche Nationalbibliothek** (DNB). Seit 1997 residiert sie hier und ist Hüterin eines der wichtigsten Kulturschätze des deutschsprachigen Raums: Von jedem in Deutschland veröffentlichten Buch oder „Medienwerk" müssen zwei Pflichtexemplare an die DNB abgeliefert werden. Hinzu kommen deutschsprachige Bücher, die im Ausland veröffentlicht werden, Bücher über Deutschland, Bücher deutscher Emigranten aus den Jahren 1933 bis 1945 sowie Übersetzungen deutscher Bücher in andere Sprachen. Insgesamt verfügt die DNB an ihren beiden Standorten in Frankfurt und Leipzig über einen Bestand von fast 26 Millionen Einheiten – sie ist die mit Abstand größte deutsche Bibliothek. Wegen der ständig wachsenden Zahl von Büchern hat man das Gelände gegenüber (heute Tankstelle und Supermarkt) bereits in die Erweiterungsplanungen einbezogen.

Die Deutsche Nationalbibliothek

Die DNB führt ein offenes Haus; hier finden Lesungen, Buchpräsentationen und viele andere Kulturveranstaltungen statt. Die Bibliothek ist für jedermann zugänglich, allerdings gilt: Sie ist eine Präsenzbibliothek! Wer in den Beständen lesen will, muss das im Lesesaal tun – ausleihen kann man die Bücher nicht.

Ort: Deutsche Nationalbibliothek, Adickesallee 1
Kontakt: Tel.: (069) 1 52 50
Internet: www.d-nb.de
Öffnungszeiten: Mo.-Do. 10.00-20.00 Uhr, Fr. 10.00-18.00 Uhr, Sa. 10.00-17.00 Uhr
ÖPNV: U5, Buslinie 32; Station Nibelungenallee/Deutsche Bibliothek

Wir überqueren die Adickesallee und gehen weiter entlang der Eckenheimer Landstraße bis zum Eingang des **Frankfurter Hauptfriedhofs**. Wohin mit den sterblichen Überresten der Bürger einer beständig wachsenden Stadt? Zumal, wenn die Fläche der Stadt nicht besonders groß ist. Um 1820 waren die Zustände auf dem alten städtischen Friedhof an der Peterskirche in der Innenstadt unerträglich geworden. Immer häufiger mussten halb verweste Leichenteile ausgegraben werden, um jüngst Verstorbene beerdigen zu können. Auch der Geruch, der von dem Friedhof ausging, erfreute die Gemüter nicht sonderlich.

Man suchte und fand eine Lösung auf dem Gelände entlang der Eckenheimer Landstraße, das damals noch weit vor den Toren der Stadt lag. Dieser Ort in erhöhter Lage wurde stets mit frischen Westwinden versorgt. Sebastian Rinz, der damalige Stadtgärtner, gestaltete nach dem Vor-

Alter Haupteingang des Hauptfriedhofs

bild eines englischen Landschaftsgartens den Hauptfriedhof, der sich im Laufe der Zeit zu einem wunderschönen Park entwickelte. Im Juli 1828 fand hier die erste Beerdigung statt.

Nach mehreren Erweiterungen – zuletzt in den Jahren 1952 bis 1957 – umfasst der Hauptfriedhof heute eine Fläche von über 70 Hektar und ist damit mehr als zehnmal so groß wie ursprünglich. Alle Wege ergeben zusammengerechnet eine Länge von etwa 65 Kilometern. Sie leiten die Besucher zu rund 70.000 Gräbern, die man seit 2007 auch kostenfrei mit dem Elektroauto-Fahrdienst erreichen kann. Seither tragen zudem einige der Hauptwege des Friedhofs Namen, um den Besuchern die Orientierung zu erleichtern.

Viele über Frankfurt hinaus bekannte Persönlichkeiten haben hier ihre letzte Ruhestätte gefunden: Theodor W. Adorno, Alois Alzheimer, Matthias Beltz, Liesel Christ,

Robert Gernhardt, Ricarda Huch, Albert Mangelsdorff, Ernst May, Alexander Mitscherlich, Arthur Schopenhauer, Siegfried Unseld und viele andere. Das am häufigsten besuchte Grab, so heißt es, ist aber das von Pauline Schmidt, die der Frankfurter Arzt Heinrich Hoffmann mit der Geschichte vom „Paulinchen" im „Struwwelpeter" unsterblich gemacht hat. Allerdings starb die kleine Pauline Schmidt nicht durch selbst entzündetes Feuer, wie in Hoffmanns Geschichte erzählt wird, sondern an Typhus.

Paulinchen aus Heinrich Hoffmanns „Struwwelpeter"

Sehenswert ist schon die Parklandschaft des Hauptfriedhofs an sich. Architektonische Höhepunkte sind das Alte Portal aus dem Jahr 1828 sowie die beeindruckende Haupttrauerhalle, die 1909 im Zuge der großen Friedhofserweiterung erbaut wurde. Die Trauerhalle hat die Form einer Rotunde und soll den Kreis des Lebens symbolisieren. Einen Besuch wert ist auch das „Mausoleum Gans". Es wurde 1909 im Auftrag des Industriellen Friedrich Ludwig von Gans erbaut und steht auf einer großen

„Mausoleum Gans"

Wiese am Ende des Lindenwegs. Das Mausoleum – die größte Grabstätte des Hauptfriedhofs – ist öffentlich zugänglich. Hier werden noch immer Urnen beigesetzt.

Ort: Frankfurter Hauptfriedhof, Eckenheimer Landstraße
Öffnungszeiten: werktags ab 7.00 Uhr, sonn- und feiertags ab 9.00 Uhr, Nov.-Feb. bis 17.00 Uhr, März & Okt. bis 18.00 Uhr, April & Sept. bis 20.00 Uhr, Mai-Aug. bis 21.00 Uhr
Internet: www.frankfurter-hauptfriedhof.de
ÖPNV: U5, Station Hauptfriedhof

Genau 100 Jahre lang wurde der **Alte Jüdische Friedhof** an der Rat-Beil-Straße genutzt, bevor die jüdische Begräbnisstätte 1928 nach Norden verlegt wurde. Auf dem alten Friedhof wurden rund 30.000 Gräber angelegt. Der heutige Jüdische Friedhof liegt im Stadtteil Dornbusch und grenzt unmittelbar an den Hauptfriedhof. Während auf christlichen Friedhöfen Gräber meist nach 20 Jahren beseitigt werden, erlaubt dies der jüdische Glaube nicht: Die Toten gelten als unantastbar, ihre Grabstätten dürfen nicht noch einmal genutzt werden. Blumenschmuck findet man hier sehr selten. Auf vielen der Gräber liegen kleine Haufen von Steinen, die Besucher zur Erinnerung an den Exodus des Volkes Israel durch die Wüste hinterlassen.

In dem klassizistischen Portal an der Rat-Beil-Straße befindet sich heute noch die Dienstwohnung des Friedhofsverwalters. Den muss man auch anrufen, wenn man eine Besichtigung vereinbaren möchte.

Eingang des Alten Jüdischen Friedhofs

Ort: Alter Jüdischer Friedhof, Rat-Beil-Straße
Kontakt: Tel.: (069) 768 036 790
Internet: www.jg-ffm.de
ÖPNV: U5, Station Deutsche Nationalbibliothek

Weiter geht es Richtung Westen, wo entlang der Adickesallee die ehemalige Oberfinanzdirektion und das neue Polizeipräsidium zu finden sind. Unser nächstes Ziel ist ein besonderer Bewohner des Nordends: Onkel Otto. Dieser Werbeseehund ist ein Sympathieträger, den der **Hessische Rundfunk** seit den 1950er Jahren auftreten lässt. Wobei allerdings den meisten Nordendern erst einmal erklärt werden muss, dass das hr-Areal tatsächlich zu ihrem Stadtteil gehört: Auf der anderen Straßenseite beginnt zwar der Dornbusch, aber das ist halt die andere Straßenseite.

Der Rundbau des Hessischen Rundfunks ist sicherlich eines der bekanntesten und auch interessantesten Gebäude

Frankfurts. Hier wurden Ende der 1940er und Anfang der 1950er Jahre viel Geld und viele Ideen eingebracht, die aus dem Bau ein Schmuckstück machten. Diese Investitionen waren zunächst nicht für einen Rundfunksender gedacht, denn hier sollte eigentlich der Bundestag einziehen, falls – ja, falls – Frankfurt wie geplant zur Bundeshauptstadt gewählt worden wäre. Das Rennen machte bekanntlich Bonn. Also wurde ab 1951 gefunkt im schönen Bau, der seine runde Form in Anlehnung an die Frankfurter Paulskirche bekommen hatte, die ja 1848 das

Onkel Otto vom hr

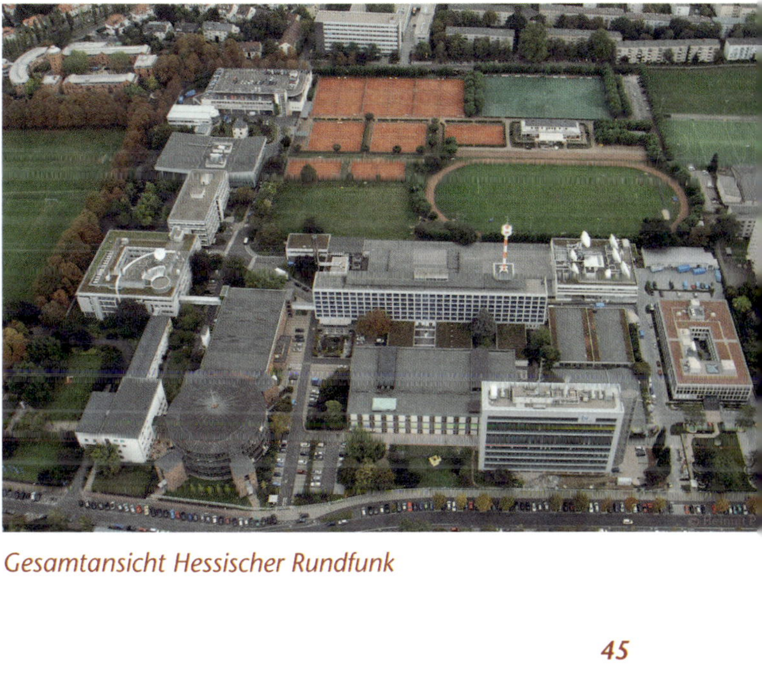

Gesamtansicht Hessischer Rundfunk

erste deutsche Parlament beherbergte. Besonders sehenswert ist die denkmalgeschützte Goldhalle, die als Foyer für den großen Sendesaal dient, in dem regelmäßig Konzerte und Kulturveranstaltungen stattfinden. Der HR bietet übrigens Führungen durch seine heiligen Hallen an. Besonders empfehlenswert sind die „Lunchkonzerte“ des Hessischen Rundfunks, bei denen Ohrenschmaus und Gaumenfreuden zusammengeführt werden.

Ort: Hessischer Rundfunk (hr), Bertramstraße 8
Kontakt: Tel.: (069) 1550
Internet: www.hr-online.de
ÖPNV: U1, U2, U3 und U8, Station Dornbusch; Buslinie 32, Station Bertramstraße

Wir verlassen den Hessischen Rundfunk und wandern entlang der Bertramstraße zurück in Richtung Adickesallee, überqueren diese und gehen kurz rechts und gleich wieder links durch die Eysseneckstraße ins **Holzhausenviertel**. Besonders die Straßenseite mit den ungeraden Hausnummern ist hier sehenswert: Neoklassizistische Mietshäuser und wunderschöne Reihenvillen prägen den Straßenzug. Viele davon stehen unter Denkmalschutz.

Wenn Auswärtige von ihrem Frankfurt-Besuch erzählen und dann betonen, wie unattraktiv die Stadt sei, dann weiß der kundige Zuhörer: Das **Holzhausenschlösschen** stand nicht auf dem Besuchsprogramm. Es gibt wenige Orte in der kleinen Mainmetropole, die das Vorurteil von der gesichtslosen Bankenstadt so sehr widerlegen wie dieses Wasserschloss samt seinem kleinen Park und den

Das Holzhausenschlösschen

umliegenden Straßenzügen. Schön ist es hier, Atmosphäre gibt es hier und – wie könnte es in Frankfurt anders sein – sehr teuer ist es hier.

Das Holzhausenschlösschen, wie es sich heute präsentiert, wurde nach Plänen des französischen Baumeisters Louis Rémy de la Fosse 1729 fertiggestellt. An dieser Stelle hatte bereits seit dem Mittelalter die Familie von

Holzhausen ihren Landsitz: die „Holzhausen-Oed“. Die Holzhausens, ebenso wie die Stalburgs gleich nebenan, dienten mit ihren befestigten Gütern der Verteidigung der Stadt. Das rächte sich 1552, als Moritz von Sachsen und sein Protestantenheer im „Fürstenkrieg“ die Freie Reichsstadt Frankfurt belagerten und die vorgelagerten Wehrhöfe abfackelten. Erst rund 20 Jahre später war das Haus wieder aufgebaut, nützlich zwar, aber wohl doch nicht ganz den Ansprüchen des 18. Jahrhunderts angemessen. Deshalb wurde alles abgetragen und hübsch barock wieder aufgebaut, samt Nebengebäuden und Park, der dann ab 1910 parzelliert und zum größten Teil bebaut wurde.

Ob und inwieweit die mit der Stadt 1910 geschlossenen Verträge, die Bau- und Nutzungsbeschränkungen des Holzhausenviertels festlegten (Knoblauch-Feldvertrag, Holzhausen-Servitut), heute noch Gültigkeit haben, darüber streiten gelegentlich Anwälte.

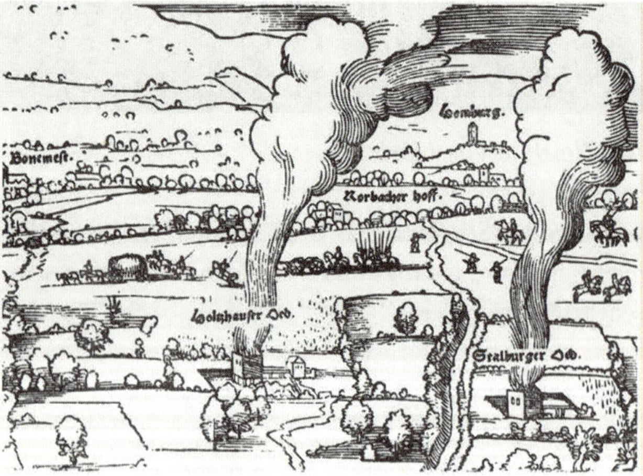

Brennende Holzhausen-Oed

Das alte schmiedeeiserne Eingangstor in der Hindemith-Anlage am Oeder Weg ist immerhin noch erhalten und zeigt, welchen Umfang der Park einmal hatte.

Blick vom alten Tor Richtung Schloss, Kastanienallee

Aber auch der geschrumpfte Park ist den Nordendern lieb. Vor allem Familien schätzen seine Übersichtlichkeit und das Hundeverbot, da hier die lieben Kleinen nicht Gefahr laufen, von nervösen Bellos gebissen zu werden oder Bekanntschaft mit deren Hinterlassenschaften zu machen. Der große Spielplatz bietet neben den üblichen Sandkästen, Klettergeräten und Tischtennisplatten auch einen Wasserlauf, in dem es sich herrlich spielen lässt. Ein Café versorgt Besucher mit Kaffee, Kuchen, Eis und anderem.

Mehr als 500 Jahre lang bewohnten die Holzhausens ihr Schloss selbst. Der letzte männliche Nachfahre verkaufte

Spielplatz im Holzhausenpark

dann vor dem Ersten Weltkrieg den Besitz an die Stadt. Diese nutzte das Gebäude erst einmal als Reichsarchiv. Von 1953 bis 1988 war das Museum für Vor- und Frühgeschichte hier untergebracht, das heute im Karmeliterkloster zu finden ist. Seit 1989 ist das Holzhausenschlösschen der Sitz der Frankfurter Bürgerstiftung. Das Gebäude wurde renoviert und öffentlich zugänglich gemacht. Neben Konzerten, Lesungen und anderen Kulturveranstaltungen sind es besonders die Veranstaltungen für Kinder, die großen Zulauf finden. Was nicht zuletzt ein Verdienst des musikbegeisterten Schlosskaters Ferdinand sein dürfte: Der wohnt, auch dies eine Frankfurter Besonderheit, im „Belvedere", einer Art Ausguckturm.

Schlosskater Ferdinand

Praktischerweise ist hier auch die Margot-Wansleben-Kinderbibliothek untergebracht, und einen eigenen Kinderchor gibt es auch.

Ort: Holzhausenschlösschen, Justinianstraße 5
Kontakt: Tel.: (069) 557791
Internet: www.frankfurter-buergerstiftung.de
ÖPNV: Buslinie 36, Station Holzhausenstraße

Das gesamte Holzhausenviertel ist sehenswert, aber wir gehen zunächst weiter zum Oeder Weg und wenden uns in Richtung Stadt. Am Adlerflychtplatz biegen wir links ein und überlegen uns, ob wir uns am Wasserhäuschen, am kultigen Falafel-Kiosk „Aroma" oder in einem der umliegenden Cafés stärken.

Kultkiosk „Aroma"

Entlang der Adlerflychtstraße nehmen wir uns vor, das Programmkino „Mal seh'n" demnächst zu besuchen, und

„Offenes Fenster nach dem Holzhausenpark",
Hans Thoma, 1883

erinnern uns an den armen Dichter Hölderlin, der vor Liebe zu seiner angebeteten Susette Gontard verging. Die Familie Gontard, die Hölderlin als Hauslehrer angestellt hatte, verbrachte den Sommer 1796 im Adlerflycht'schen Hof vor den Toren der Stadt. Hier arbeitete Hölderlin am „Hyperion" und lobte in einem Brief an seine Schwester die idyllische Umgebung: „Man wohnt mitten im Grünen im Garten unter Wiesen, hat Kastanienbäume um sich herum und Pappeln und reiche Obstgärten und die herrliche Aussicht aufs Gebirg." Die Liebesgeschichte, wir wissen es, ging nicht gut aus. Am Nordend hat es sicherlich nicht gelegen.

Wir gelangen zur Humboldtstraße, der wir stadteinwärts bis zum Mittelweg folgen. Dort geht es weiter nach links.

Über die Eckenheimer Landstraße gelangen wir in die Hebelstraße und staunen über das **Philanthropin**. Schon 1804 war diese Schule von der jüdischen Gemeinde gegründet worden. Der Name bedeutet „Stätte der Menschlichkeit" und war Programm: Bis dahin hatten jüdische Schulen vorwiegend Religionsunterricht erteilt. Das Philanthropin aber bot die ganze Bandbreite weltlicher Schulbildung an und sollte so zur Emanzipation und Eingliederung der Juden in die Gesellschaft beitragen. Religionsunterricht wurde abgelehnt, stattdessen standen Sprachunterricht und Unterweisung in handwerklichen Tätigkeiten auf dem Lehrplan.

Das prächtige Gebäude in der Hebelstraße wurde 1908 fertiggestellt – als eines von ganz wenigen Schulgebäuden verfügte es seinerzeit bereits über eine Turnhalle. Bis 1942 war hier das Heim der am längsten bestehenden und mit

Das Philanthropin in der Hebelstraße

fast 1.000 Schülern größten jüdischen Schule Deutschlands. Nach dem Zweiten Weltkrieg wurde das Gebäude als Verwaltungszentrum der jüdischen Gemeinde Frankfurts genutzt. Einige Zeit lang bot das Kino „Die Kurbel" auch alternative Programme an. 1978 wurde das Gebäude an die Stadt verkauft, die hier ein Bürgerhaus einrichtete. Das Hoch'sche Konservatorium bildete Musikschüler aus, und schließlich diente das Philanthropin dem Freien Schauspiel-Ensemble als Spielstätte.

Seit 2006 betreibt die jüdische Gemeinde hier wieder eine Schule: Die Isaak-Emil-Lichtigfeld-Schule erhielt ihren Namen in Erinnerung an den ehemaligen hessischen Landes- und Frankfurter Stadtrabbiner, der 1966 in Frankfurt die erste jüdische Grundschule nach dem Zweiten Weltkrieg gegründet hatte. Sie ist eine Grundschule und ein Gymnasium für die Klassen 5-9. Fast 500 Schüler, darunter auch Angehörige anderer Religionen, besuchen die überaus angesehene Schule. Leider muss sie besonders geschützt werden, daher gibt es hier einen Stahlzaun und einen Wachdienst.

Ort: Philanthropin, Hebelstraße 15-19
ÖPNV: U5, Station Musterschule

Zum Abschluss unseres Rundgangs bitten wir Sie noch zu einem Abstecher Richtung innerer Anlagenring. Vom Verkehr umtost, steht an der Ecke Blumenstraße/Eschenheimer Anlage eines der ungewöhnlichsten Häuser der Stadt: Das **Maurische Haus** mit seinen Fensterbögen, Reliefs und Ecktürmchen spielt fröhlich mit orientalischen Motiven und ist ein typischer Vertreter des romantischen Stils der 1850er Jahre.

Das Maurische Haus

Ort: Maurisches Haus, Blumenstraße 2
ÖPNV: U1, U2, U3, U8 und Buslinie 36; Station Eschenheimer Tor

Es grünt so grün im Nordend – die Parks

Bei unserem Spaziergang zu den Sehenswürdigkeiten im Nordend haben wir Ihnen den Holzhausenpark bereits vorgestellt. Wir haben Sie durch den Bethmannpark getrieben und den Chinesischen Garten dabei keines Blickes gewürdigt. Jetzt dürfen Sie hier verweilen und auch die anderen Grünflächen des Nordends genießen.

Bethmannpark

Er liegt nördlich der alten Wallanlagen, zwischen Friedberger Landstraße und Berger Straße. Die Frankfurter Ban-

Der Bethmannpark zwischen Berger Straße und Friedberger Landstraße

kiersfamilie von Bethmann erwarb 1789 diesen „Garten vor dem Tore“, um dort Gemüse, Wein und Obst anzubauen. Aus dem Nutzgarten wurde aber spätestens mit dem Bau des prächtigen Gartenhauses im Rokokostil ein Ziergarten, der im Laufe der Zeit immer wieder den gängigen Gartenmoden entsprechend umgestaltet wurde. Erst 1941 gelangte dieses Kleinod in städtischen Besitz. Im Zweiten Weltkrieg wurde die Anlage so stark beschädigt, dass der Garten erst 1953, jetzt als Schau- und Lehrgarten, wiedereröffnet werden konnte. Sehr beliebt sind die botanischen Beratungen für jedermann des „Blumendoktors“ im Bethmannpark.

Ort: Bethmannpark
Eingang: Mauerweg
Kontakt: Tel.: (069) 43 42 01
ÖPNV: U4, Station Merianplatz

Zur besonderen Attraktion wurde der Park 1989, als hier anlässlich der Frankfurter Städtepartnerschaft mit Guangzhou der „Garten des Himmlischen Friedens“ angelegt wurde, ein **Chinesischer Garten** in klassischer Tradition, der zu den schönsten in Frankfurt zählt. Der Garten wurde von chinesischen Fachkräften gestaltet, die Pavillons wurden in traditioneller Bauweise ohne Nägel oder Schrauben errichtet. Im Garten spiegelt sich die Harmonie der Welt in einem ausgewogenen Verhältnis der „Sieben Teile“ des Taoismus wider: Erde, Himmel, Wasser, Steine, Gebäude, Lebewesen und Pflanzen.

Zu den verschiedensten Zeiten kann man hier Menschen treffen, die Tai-Chi praktizieren oder in anderer Form

Der Wasserpavillon im Bethmannpark

meditieren. Ein steinerner Löwe bewacht den Eingang. Wer ihm ins Maul greift und dort die Steinkugel berührt, dem sei Glück beschieden, heißt es. Und auch eine steinerne Ziege hat sich 2008 in den Garten verirrt: Sie ist ein Gastgeschenk der Delegation aus Guangzhou, zur Feier der 20-jährigen Städtepartnerschaft.

Ort: Chinesischer Garten im Bethmannpark
Eingänge: Berger Straße und Mauerweg
ÖPNV: U4, Station Merianplatz
Eingang: Friedberger Landstraße
ÖPNV: Buslinie 30, Tramlinie 12; Station Hessendenkmal

Günthersburgpark

Der größte Park des Nordends ist der 7,4 Hektar große Günthersburgpark. Ob er auch der schönste ist, darüber lässt sich trefflich streiten, genauso wie darüber, zu welchem Stadtteil er gehört. Behaupten doch dreiste Bornheimer – und sogar solche, die es besser wissen müssten –, dass dieser Park in „ihrem" Stadtteil liegt. Ein Blick auf die offizielle Karte der Stadt genügt: Dieser Park gehört eindeutig zum Nordend. Erst mit der östlichen Hälfte der Comeniusstraße beginnt das Bornheimer Territorium.

Ob Nordend oder Bornheim: Der Park wird von sehr vielen Frankfurter Bürgern genutzt. Es sind die unzähligen Kinder, die sich besonders im Sommer am „Sprühfeld"

Wasserspiele im Günthersburgpark

abkühlen. Es ist die große Anzahl an Joggern, die gar nicht genug Runden um die Rasenflächen drehen können. Es sind die gestressten Bürger, die einfach nur in der Sonne oder im Schatten Erholung suchen und aufpassen müssen, dass ihnen keine Federbälle oder Frisbee-Scheiben um die Ohren fliegen. Es sind auch die vielen Jugendlichen, die Basketball, Tischtennis oder Fußball spielen; es sind die zahlreichen Boule-Spieler, die vor der Orangerie ihr Glück probieren und sogar zweimal im Jahr Turniere bei Nacht veranstalten. Schließlich sind es auch die Besucher, die unerlaubterweise ihren privaten Grillplatz einrichten und manchmal sogar daran denken, ihren Unrat auch wieder mitzunehmen.

Nicht zu vergessen sind die vielen Gäste von STOFFEL (Stalburg Theater Offen Luft), einem kulturellen Höhepunkt im Sommer. Der Kinderschutzbund hat am Rand des Günthersburgparks sein Domizil gefunden und organisiert in der Orangerie Veranstaltungen. Außerdem

Die Orangerie

kommen jedes Jahr einige Veranstaltungen hinzu, die jeweils rechtzeitig beim Grünflächenamt bzw. beim Ortsbeirat beantragt werden müssen. Beide machen sich zu Recht große Sorgen, dass diese grüne Oase „übernutzt" wird, wie es in der Fachsprache heißt.

Das Gelände um die wehrhafte „Bornburg" mit Wassergraben und Zugbrücke wurde schon 1189 erstmals

Sämann mit Bürgerinschrift

urkundlich erwähnt. Die Burg stand etwa an der Stelle, wo heute der Wasserspielplatz ist. Allerdings gab erst der Gastwirt Johann Jakob Günther der Burg und damit später dem Park seinen Namen. Carl Mayer von Rothschild ließ 1837 das Gelände vom damaligen Stadtgärtner Sebastian Rinz zum englischen Park umgestalten. Er ließ die alte Burg kurzerhand abreißen und den Wassergraben zuschütten. Statt derer entstand die heute noch erhaltene Orangerie, die zwischenzeitlich als Kirche diente. Sie gehört heute dem Kinderschutzbund. Schließlich wurde der Park zum Volkspark mit etlichen Spielplätzen. Zwei bronzene Kunstwerke, die heute noch bewundert werden können, wurden aufgestellt: der

Freilicht-Fotoausstellung vor dem Haupteingang

mächtige Stier von Fritz Boehle und der Sämann von Constantin Emile Meunier.

Damit der Haupteingang in der Abendsonne wieder glänzt, wurde er im Jahr 2010 aufwändig restauriert. Seit 2009 finden hier regelmäßig Freilicht-Fotoausstellungen statt, die die Arbeitsgemeinschaft „Kunst im Nordend“ (KuNo) organisiert.

Seit Jahrzehnten bemühen sich Stadtteilpolitiker darum, den Park weiter zu vergrößern. Das ist ihnen bisher aber nur einmal gelungen, unter dem damaligen Umweltdezernenten Tom Koenigs. Bislang verhinderte der im Norden gelegene Bauhof des Grünflächenamtes eine sinnvolle Erweiterung. Erst wenn hierfür eine Ersatzfläche gefunden ist, kann es mehr Platz geben für die Günthersburgpark-Nutzer.

Ort: Günthersburgpark, Haupteingang
ÖPNV: Tramlinie 12, Station Hartmann-Ibach-Straße

Wasserpark

Der Wasserpark bezieht seinen Namen aus seiner Funktion, denn er dient vornehmlich als Wasserspeicher. Frankfurts Trinkwasser wird aus verschiedenen Quellen gespeist: aus dem Vogelsberg, der Wetterau, dem Spessart, dem Hessischen Ried sowie aus dem Stadtgebiet selbst. Seit 1861 erhält das Nordend Trinkwasser aus dem Vogelsberg, das im Wasserpark gesammelt wird. So ist es nicht verwun-

Der kleine Wasserturm

derlich, dass der Wasserpark nicht der Stadt, sondern der Hessenwasser GmbH gehört, die ganz Frankfurt mit Trinkwasser beliefert.

Sehenswert ist der in rotem Sandstein gestaltete kleine Wasserturm. Unter ihm befindet sich ein Wasserreservoir mit einem Fassungsvermögen von 25.000 Kubikmetern. Der nur zu bestimmten Tageszeiten geöffnete Wasserpark galt lange Zeit als Geheimtipp für all diejenigen, die sich in der relativ kleinen grünen Oase entspannen wollen.

Geradezu ideal ist er als Ort der Ruhe für Anwohner aus dem Neubaugebiet rund um die Friedberger Warte sowie für Bewohner der Altenwohnanlage „Curanum“, die sich gleich gegenüber in der Friedberger Landstraße befindet.

Ort: Wasserpark, Dortelweiler Straße 105
ÖPNV: Buslinie 30, Station Wasserpark; Buslinie 34, Station Bornheimer Friedhof

Einkehren & Einkaufen

Zum Thema Essen und Trinken im Nordend sei vorweg schon einmal festgestellt: Die Frankfurter Bembelhochburgen sind woanders – das Nordend ist, dem allgemeinen bildungsbürgerlichen Geschmack der Einwohner angemessen, Café-Gebiet. Das Café an sich ist ein dem Nordender adäquater Ort: Treffpunkt, Ruhezone und Nachrichtenbörse. Wie viele Ausschankstätten für die heiße braune Brühe es zwischen Sandweg und Eschersheimer Landstraße gibt, vermag – wegen ständiger Veränderungen – niemand wirklich zu sagen. Darum warnen wir gleich vor: Wir stellen Ihnen in diesem Buch nur eine kleine Auswahl unserer persönlichen Favoriten vor. Seien Sie bitte nicht enttäuscht, wenn ausgerechnet Ihr Lieblingscafé nicht dabei sein sollte.

Das „Strandcafé"

Der Charakter der einzelnen Cafés im Nordend könnte unterschiedlicher kaum sein.

Da ist beispielsweise das **Strandcafé** in der Koselstraße, in den 1970er Jahren mitgegründet vom „Tigerpalast"–Chef Johnny Klinke. Noch heute umweht es der nostalgische Hauch der Altvorderen der Alternativszene und die Erinnerung an unendliche Debatten. Die Schatten der Grünen-Heroen von einst, wie Daniel Cohn-Bendit, Joschka Fischer oder Tom Koenigs, wabern zwar nicht mehr übermächtig durch die bescheidenen Hallen des Cafés, aber die Betreiber hoffen aus gutem Grund, dass die Kinder und Enkel der „revolutionären Zeiten" sich hier genauso wohl fühlen wie einst ihre Vorfahren.

Ort: Strandcafé, Koselstraße 46
Kontakt: Tel.: (069) 24 14 54 95
Internet: www.strandcafe-frankfurt.de
ÖPNV: U5, Station Musterschule

Das **Café Cardamom** an der Ecke Humboldtstraße/Glauburgstraße blickt auf eine deutlich kürzere Tradition zurück: Erst seit gut zwölf Jahren geht es in dem ehemaligen Fachgeschäft für Rollläden um das leibliche Wohl. Inhaberin Vera Menge führt seit acht Jahren Regie und punktet mit einer großen Auswahl an nationalen und internationalen Tageszeitungen, solidem Frühstück, einer originellen, ständig wechselnden Tageskarte und vor allem mit köstlichem selbst gebackenem Kuchen. Wer hierher kommt, bringt Zeit mit. Die Atmosphäre des „Café Cardamom" mit seinem Vorgarten ist ganz und gar entschleunigt und kommt dem Nordender und seinem Bedürfnis

„Café Cardamom"

nach „Kiez"-Gefühl weit entgegen. Der Anteil des Stammpublikums unter den Gästen ist hoch – das mag man, denn es ist beruhigend, beim Blick über den Rand der Zeitung vertraute Gesichter wahrzunehmen und festzustellen, dass grundsätzlich die Welt im Lot ist.

Ort: Café Cardamom, Glauburgstraße 74
Kontakt: Tel.: (069) 59 68 280
ÖPNV: U5, Station Glauburgstraße

Das **Maison du Pain** im Oeder Weg 30 – ein Ableger der Bäckereikette „Mayer" – präsentiert recht überzeugend französische Backkunst: Vom Croissant bis zu Petit Fours, Obsttörtchen, Tartes oder Sandwiches ist die Auswahl groß und teuer. Dazu wird französische Küchenhilfe in Form von Öl, Salz, Marmelade und anderen nützlichen Dingen angeboten. Das Konzept scheint gut anzukommen: Nach dem Pionierladen im Nordend gibt es jetzt auch Filialen in Sachsenhausen und im Westend.

Beim Stichwort „französische Backkunst“ darf die Erwähnung der **Kornkammer** in der Rohrbachstraße 27 nicht fehlen. In dem kleinen Laden stehen morgens die Kunden Schlange, um frische Ware zu ergattern, die nach Frankreich duftet und schmeckt. Noch länger sind die Schlangen vor der Bäckerei **Kronberger** in der Vogelsbergstraße 19, die unserer Meinung nach die beste im Nordend ist.

In der Eckenheimer Landstraße gehören Sonnenschein und Leckermäuler seit mehr als 35 Jahren zusammen. Der Grund: **Eis Christina**, die vielleicht beste Eisdiele Frankfurts. Corrado und Petra Spadotto sorgen samt Cousine Mirella seit 1974 verlässlich für Erfrischung und Kalorien-

Warteschlange vor der Bäckerei Kronberger

bombardierung der geneigten Kundschaft in ihrem Eiscafé, das den Namen ihrer Tochter trägt. Der Erfolg liegt darin begründet, dass die gesamte Familie bis heute mit großer Leidenschaft ständig an der Verbesserung des Angebots arbeitet – mit natürlichen Produkten und unter Verzicht auf künstlichen Schnickschnack beim Eis selbst, aber auch bei den Zugaben wie Marmeladen und Saucen. Dass die Produkte tatsächlich Spitzenklasse sind, belegen die zahlreichen Auszeichnungen, die Corrado Spadotto eingeheimst hat.

„Eis Christina"

Ort: Eis Christina, Eckenheimer Landstraße 78
Tel.: (069) 59 84 52
Internet: www.eischristina.de
ÖPNV: U5, Station Musterschule

Wir haben schon eingangs erwähnt, dass die Bembelkultur im Nordend keine Heimstatt hat, weshalb das Nordend auch weitgehend verschont bleibt von Touristenhorden auf der Suche nach einem Schoppen. Das soll aber nicht heißen, dass das Nordend in Sachen Äppler-Kultur den Nachbarn in Bornheim oder Sachsenhausen nachsteht. Was dort an Quantität besteht, wird im Nordend durch Qualität allemal aufgewogen.

Wenn wir also über die auf Apfelwein basierende Gastronomie im Nordend sprechen, muss an erster Stelle die Gaststätte **Zur Stalburg** genannt werden, denn hier wird der Äppler tatsächlich noch selbst gekeltert. Jedes Jahr Ende September bindet Wirt Fritz Reuter die Schürze um und macht sich mit seinen Gefährten daran, zentnerweise Äpfel in die Presse zu schaufeln, sie zu zerquetschen, den Saft aufzufangen und dann im Tank sechs bis acht Wochen zu jener Köstlichkeit reifen zu lassen, die den Einheimischen wie himmlischer Nektar vorkommt. Keltern ist Knochenarbeit: Für 100 Liter Apfelwein werden gut drei Zentner Äpfel benötigt. Das Ergebnis lässt sich sehen – und vor allem auch trinken.

„Zur Stalburg"

Das Ambiente in der „Stalburg" ist rustikal: Der Gastraum wirkt, als wäre er seit Jahrzehnten nicht verändert worden; legendär ist der zu viel Hitze spendende Eisenofen in der Mitte. Die Klappstühle und Tische unter den prächtigen Platanen im Sommergarten sind funktional. Schnickschnack sucht man hier vergebens. Hinter der Theke ist der abgetrennte Raucherraum, und auch dieser bemüht sich nicht darum, den Gast durch Äußerlichkeiten zu umwerben. Dazu passt die bodenständige Küche, die neben den üblichen Frankfurter Klassikern von Handkäs' bis Rippchen wechselnde Tagesgerichte anbietet und auf saisonale Produkte setzt. Für Äppler-Verweigerer gibt es leckeres tschechisches Bier vom Fass. Wer hier den Handkäs' mit Messer und Gabel isst oder gar einen „Süßgespritzten" bestellt, beleidigt den Wirt.

Neben der zentralen Funktion der „Stöffche"-Versorgung des westlichen Nordends hat die „Stalburg" aber auch eine andere wichtige Bedeutung. Denn das angeschlossene Stalburg-Theater bildet zusammen mit dem Holzhausenschlösschen das kulturelle Herz des Stadtteils.

Beginnen wir mit der Historie: Schon bei der Vorstellung des Holzhausenschlösschens haben wir berichtet, dass neben eben jener Holzhausen-Oed im Mittelalter auch die Stalburger Oed zu dem Ring von befestigten Wehrhöfen zählte, die einerseits Lebensmittel produzierten und andererseits Frankfurt vor Übergriffen schützen sollten. Wo heute im Sommer die Gäste mit den Füßen im Kies scharren und ihre Schoppen petzen, befanden sich ursprünglich ein Wassergraben und eine kleine Wasserburg – die Stalburg. Ebenso wie die Nachbaranlage wurde auch die ursprüngliche Stalburg 1552 bei der Belagerung Frankfurts durch das Protestantenheer zerstört.

Aufführung im Stalburg-Theater

Das heutige Gebäude ist um 1734 entstanden, allerdings erinnert nur noch weniges an die damalige Konstruktion: Das Haus wurde aufgestockt, das Dach neu gestaltet. Die Fensterverteilung blieb unverändert; im Erdgeschoss ist das hohe Portal in der Mitte des Gebäudes erhalten, das jetzt als Tür zur Terrasse dient. Auch der kleine Giebel über der Tür stammt noch aus dem 18. Jahrhundert.

Die Familie Rothschild übernahm im 19. Jahrhundert die Stalburg. Der Wassergraben wurde 1839 zugeschüttet. Seit 1879 wird das Gebäude als Gaststätte benutzt, und seit 1934 ist es im Besitz der Familie Reuter.

In der Frankfurter Kulturszene genießt das angeschlossene **Stalburg-Theater** einen Ruf wie Donnerhall: Der grandiose Michi Herl hat diese Off-off-Bühne mit Kabarett, Musik und schrägen Theaterstücken zu einem rauschenden Erfolg gemacht. Wir erzählen Ihnen das noch genauer im Kapitel über Feste und Freizeit.

Ort: Zur Stalburg, Glauburgstraße 80
Kontakt: Tel.: (069) 55 79 34
ÖPNV: Buslinie 36, Stationen Adlerflychtplatz und Hynspergstraße; U5, Station Glauburgstraße

Ort: Stalburg-Theater, Glauburgstraße 80
Kontakt: Tel.: (069) 25 62 77 44
Internet: www.stalburg.de
ÖPNV: Buslinie 36, Stationen Adlerflychtplatz und Hynspergstraße; U5, Station Glauburgstraße

Kreativität wird im Nordend großgeschrieben! Dies wissen wir spätestens, seitdem das allwissende „Journal Frankfurt“ Führungen unter dem Titel „Nordend Frankfurt – Der Stadtteil der Kreativen“ anbietet. Deshalb waren wir auch nicht sonderlich erstaunt, als im Jahr 2002 der Lehrer Michael Miller und der Betriebswirt Michael Kubala aus einer ehemaligen Metzgerei, die zwischenzeitlich als „Krabbelstube“ genutzt worden war, eine Kneipe machten. Im „Odyssee“ wird neben Essen und Trinken mit Fotoausstellungen, Lesungen und Musik auch ein kulturelles Angebot serviert. Vor dem Eingang bewacht die Eisenskulptur „Der Mann“ die Gäste, die sich bei schönem Wetter gerne auf der Außenterrasse niederlassen. Dort gibt es für den Nachwuchs auch einen Sandkasten. An der Außenwand schaut ein gekachelter Schopenhauer in die Runde und scheint dem Weltwissen des Publikums nicht recht zu trauen.

„Odyssee" mit Gastwirt

Bei Welt- und Europameisterschaften verwandelt sich der Gastraum mit 70 Plätzen in ein Fußballstadion. Anders als der Name es vermuten lässt, bietet das „Odyssee" auch deutsche Küche an, was im multikulturellen Nordend durchaus bemerkenswert ist.

Ort: Odyssee, Weberstraße 77
Kontakt: Tel.: (069) 90 50 09 95
Internet: www.odyssee-frankfurt.de
ÖPNV: U5, Station Glauburgstraße

Wer ob des Namens nun enttäuscht ist, muss allerdings nicht lange suchen, um exzellente griechische Küche zu finden: Das „In + Art“ (Weberstraße 90) und das „Relax“ (Weberstraße 77) gehören ebenso wie die „Nibelungenschänke“ (Nibelungenallee 56) und das „Meltemi“ (Martin-Luther-Straße 17) zu den Top-Griechen in Frankfurt. Alle vier bieten exzellente Küche und lockere Atmosphäre.

Wenn es um exzellentes Essen im Nordend geht, strahlt das **Café Größenwahn** seit vielen Jahren in die Runde. Am 1. Dezember 1978 gründeten Hans-Peter Hoogen, Hans-Jürgen Heine und Heiner Dürbeck das Café und Restaurant an der Ecke von Lenau- und Nordendstraße. Wie sie in ihrem Jubiläumsbuch zum 25-jährigen Bestehen schrieben, wollten die Gründer – ganz bescheiden – „nicht die Gastronomie, sondern die Welt verändern“. Dafür

„Café Größenwahn“

steht auch ihr Motto: „Die Welt soll wärmer und weiblicher werden!"

Anfangs waren fast nur Leute aus der Studentenszene Stammkunden: Freaks, Kiffer, Sanyasins, Homosexuelle, KBWler, DKPler, Ökos, Sympathisanten der RAF, Grüne und verspätete Hausbesetzter. Einige Hausbesetzer sind inzwischen Hausbesitzer oder Wohnungseigentümer geworden. Heute sind es Kreative und Intellektuelle, heimatlose Rentner, natürlich auch Schwule, Lesben und Bürgerliche sowie in die Jahre gekommene „Revoluzzer", die hier einkehren.

Wurde auf der ersten Speisekarte noch erklärt, was Ratatouille oder Chili con carne ist, bekommt man heute ein exzellentes internationales Speiseangebot serviert – ohne Erklärungen. Auch die Weinkarte kann sich sehen lassen. Über die Jahre hat sich eine große Familie von Stammgästen etabliert, aber auch Eintagesgäste sind herzlich willkommen. Das allgemeine „Du" und die angenehme Atmosphäre sind Kennzeichen des Cafés, das eigentlich nur nachmittags ein Café ist. Danach verwandelt es sich in ein Restaurant, und gegen Mitternacht wird es wieder zur Szenekneipe. Das „Größenwahn" hat sich zu einer Institution entwickelt und organisiert Ausstellungen, Dichterwettbewerbe und andere Veranstaltungen.

Ort: Café Größenwahn, Lenaustraße 97
Kontakt: Tel.: (069) 59 93 56
Internet: www.cafe-groessenwahn.de
ÖPNV: U5, Station Glauburgstraße; Tramlinie 12, Station Glauburgstraße/Rohrbachstraße

Man muss nicht Eintracht-Fan sein, um das **Backstage** zu kennen. Aber wenn man im Nordend wohnt, keine Eintrittskarte für die Commerzbank-Arena hat und Eintracht-Fan ist, dann muss man ins „Backstage" gehen, um die Adlerträger auf der Großleinwand oder auf drei TV-Bildschirmen zu sehen. Dann trifft man dicht gedrängt auf ungefähr 120 Gleichgesinnte. Aber welcher echte Fan braucht schon einen Sitzplatz? Bei schönem Wetter kann man auch draußen im Vorgarten das Spiel sehen.

„Backstage" am Alleenring

Fußball bestimmt tatsächlich den Puls der Kneipe: Wenn die Eintracht spielt, flattert eine riesengroße Fahne am Alleenring. Bei Europa- oder Weltmeisterschaften richtet sich sogar die Tageskarte nach den Ländern aus, die gerade kicken. Wenn die Argentinier spielen, wird argentinisches Steak angeboten, wenn die Franzosen auf die Deutschen treffen, gibt es belegte Baguettes. Bier und Apfelwein gibt es immer – man kennt ja seine Frankfurter Kundschaft.

Obwohl das „Backstage" vor genau 20 Jahren als eine der ersten Frankfurter Kneipen mit Fußball-Fernsehübertragungen begann, hat sich hier neben dem Fußball auch eine Musikszene etabliert. Rockmusik mit oder ohne DJs animiert zum Tanz, bei dem Jung (Ü30) und Alt (Ü70) zusammentreffen. Mit einem Wort: Das „Backstage" ist die kultigste Kneipe im Nordend. Sie kennt keinen Ruhetag. Für FSV- oder, noch schlimmer, Kickers-Fans kann ein Besuch aber bitter sein.

Ort: Backstage, Rothschildallee 36
Kontakt: Tel.: (069) 4 69 13 55
Internet: www.backstagefrankfurt.de
ÖPNV: Tramlinie 12, Station Rothschildallee

Wir verlassen unsere raubeinigen Fußballfreunde und wenden uns der Wahrheit zu, jedenfalls dem Stoff, in dem die Veritas zu finden ist: dem Weine nämlich. Seit 2001 kümmert sich die **Weinstube im Nordend** in der Eckenheimer Landstraße um den Durst derjenigen, die auch einmal etwas anderes als Bier und Äppler trinken möchten. Mit Erfolg: Die Zahl der Abende, an denen die Weinstube nicht rappelvoll ist, kann man an den Fingern einer Hand abzählen. Die 60 Plätze drinnen und die zusätzlichen 40 Plätze auf dem Bürgersteig sind meist schon früh belegt.

Dieser Erfolg hat natürlich damit zu tun, dass man auch hier dem typischen Nordender gibt, was er haben möchte: keine Lounge und kein Szenelokal, sondern einen „locus amoenus" – einen „schönen Ort". Schön an diesem Ort sind auch die recht zivilen Preise, dazu die Tatsache, dass rund 40 Weine offen verkauft werden und dass der sich

Die „Weinstube im Nordend"

selbst bedienende Gast bei der Bestellung an der Theke den Wein zunächst einmal verkosten darf.

Ort: Weinstube im Nordend, Eckenheimer Landstr. 84
Kontakt: Tel.: (069) 90 50 18 87
Internet: www.weinstube-frankfurt.de
ÖPNV: U5, Station Glauburgstraße

Der Abschnitt der Eckenheimer Landstraße zwischen Ecke Wielandstraße und Ecke Neuhofstraße wird von Kennern gern „die kleine Nordend-Fressgasse" genannt, da sich hier ein Lokal an das andere reiht.

So empfehlen wir hier das „Schlippche", (Eckenheimer Landstraße/Wielandstraße 61), wo man in dem vor Kitsch überbordenden Lokal wunderbar polnisch essen kann, den Nobel-Italiener „Settimo Cielo“ (Eckenheimer Landstraße 86), zwischen beiden Gaststätten den Steh-Italiener „Peppe“ (Eckenheimer Landstraße 80) und auf der anderen Straßenseite den Italiener „Terra Nova“ (Eckenheimer Landstraße 67).

Als Omar Laalou mit ganzen 17 Jahren seine marokkanische Heimat verließ, um aus purer Abenteuerlust die weite Welt zu erleben, ahnte er noch nicht, dass es ihn nach Frankfurt am Main verschlagen würde. Ohne Deutschkenntnisse musste er sich zunächst mit Hilfsarbeiten durchschlagen. Mittlerweile leitet er seit mehr als 27 Jahren die **Naturbar** im Oeder Weg und hat sich einen festen Platz in der Nordend-Gastronomie erworben, wo gesunde Kost an erster Stelle steht. Brottaschen, Salate und „Frumix“ (Milch mit Früchten gemixt) sind die großen Renner. Mittags werden zwei Menüs angeboten, bei denen auch Veganer auf ihre

Die „Naturbar“

Kosten kommen. 30 Plätze bietet das Lokal im Innenraum, 24 Plätze kommen auf der Terrasse dazu.

Ort: Naturbar, Oeder Weg 26
Kontakt: Tel.: (069) 55 44 86
ÖPNV: Buslinie 36, Station Adlerflychtplatz

Wer vom Land oder einem peripheren Frankfurter Stadtteil ins Nordend gezogen ist, weiß die Bequemlichkeit des Einkaufens im Viertel zu schätzen: Von der Zahnpasta über Brötchen bis zum Klavier gibt es fast alles. Die wichtigsten Einkaufsmeilen sind dabei der Oeder Weg, die Berger Straße und die Glauburgstraße. Auch sonst finden sich überall Geschäfte und kleine Handwerksbetriebe, die der Grundversorgung des Nordenders dienen. In den vergangenen Jahren kamen auffällig viele kleine Gewerbe in das Viertel; die großen Ketten sind eigentlich nur im Lebensmittelhandel und bei Drogerien vertreten.

Der Nordender an sich, das haben wir schon gehört, zeichnet sich zumeist durch gute Bildung aus. Das ist insofern angenehm, als dadurch Buchläden und Antiquariaten eine treue Kundschaft beschieden ist. Von diesen gibt es im Nordend so einige, vor allem entlang der Berger Straße, die sich über die Stadtteilgrenzen hinweg zu einer kleinen Frankfurter Büchermeile entwickelt hat.

Sie wollen nicht so viel Geld ausgeben für Bücher? Wir können Ihnen zunächst den „Oxfam"-Laden empfehlen, der am Merianplatz Bücher aus dem modernen Antiquariat anbietet. Antiquariate wie „Orban & Streu" und „Uwe Körnig", die in der Eckenheimer Landstraße 36 und 42 in unmittelbarer Nachbarschaft liegen, „Hatschmann" im Bornwiesenweg oder „Der Rabe" im Oeder Weg 40 bieten ebenfalls eine enorme Auswahl an Büchern für jeden Geldbeutel, vom gebrauchten aktuellen Bestseller-Roman bis zu erlesenen Einzelstücken aus der Vergangenheit, die Sammlerherzen zum Hüpfen bringen.

Am günstigsten bekommen Sie Bücher übrigens an den öffentlichen Bücherregalen, die die Stadt am Merianplatz und am Oeder Weg/Ecke Bornwiesenweg aufgestellt hat.

Bücherregal für jeden im Oeder Weg

Hier können Sie Bücher mitnehmen, die Sie gerne lesen möchten, und umgekehrt Ihre eigenen Bücher, die Sie zu Hause nicht mehr unterbringen können, einstellen.

Bevor wir zur Berger Straße zurückkehren, freuen wir uns über den Kinderbuchladen „Tatzelwurm" in der Glauburgstraße 32, denn der hat das bunteste Kinderbuch-Sortiment. „Land in Sicht" (Rotteckstraße 13), die nächste gut sortierte unabhängige Buchhandlung im Viertel, zeigt häufig Fotoausstellungen von Robert Schuler, der seit Jahren die Menschen im Nordend vorstellt. Die Buchhandlung „Flach" in der Humboldtstraße 57 ist darauf spezialisiert, Spezialinteressen zu bedienen und die dazugehörigen Bücher zu besorgen.

Zurück zur Berger Straße. Oben am Alleenring verbindet „Buch & Wein" in der Berger Straße 122 leibliche und geistige Genüsse. Weiter unten, nur einen Steinwurf entfernt vom Bethmannpark, ist der **Ypsilon Buchladen** mit seinem angegliederten Café seit vielen Jahren eine Attraktion. Das „Ypsilon" verkörpert, wie auch andere Buchhändler im Viertel, ein Idealbild dieses Geschäftszweigs: Da geht es nicht darum, die Kundschaft auf mehreren Stockwerken durch endlose Regalmeter mit Massenmarkt-Titeln zu schleusen und mit billigem Ramsch zu behelligen. In Buchhandlungen wie diesen sind die Regale vollgestopft mit Büchern, die dem Buchhändler am Herzen liegen und die er seinen Kunden kompetent empfehlen kann.

Typisch für viele Geschäfte des Nordends ist auch die Geschichte des „Ypsilon": 1978 als Kooperative gegründet – der Name ist eine Hommage an eine der damaligen links-alternativen Politgruppen –, inszenierte man sich

Der „Ypsilon Buchladen" in der Berger Straße

zunächst auf 15 Quadratmetern als kleinste Buchhandlung Frankfurts. Seit 1987 sind Buchladen und Café an der heutigen Adresse. Die Verbindung ist praktisch, denn zum einen nutzt die Kundschaft gerne die Einladung zum Verweilen, um in den gerade erstandenen Büchern zu schmökern. Zum anderen wird bei Veranstaltungen einfach die Verbindungstür zwischen den beiden Hälften der Ladenfläche geöffnet, und es entsteht ein Raum, der gut 100 Personen fasst. Das reicht bei den meisten Lesungen allemal aus – bei echten Stars, wie den Nobelpreisträgern Wole Soyinka oder Orhan Pamuk, die hier auch schon aufgetreten sind, bleiben dann allerdings für die zu spät Gekommenen nur Stehplätze übrig.

Ort: Ypsilon Buchladen, Berger Straße 18
Kontakt: Tel.: (069) 44 87 38
Internet: www.y buchladen.de
ÖPNV: U4, Station Merianplatz

Ebenfalls dem Kulturbedürfnis dienen die Musikalien- und Instrumentenhandlungen, die sich im Nordend etabliert haben. „Musikalien Petroll“ im Oeder Weg 43 ist eine wahre Schatzkammer für Leute, die nach Noten suchen. Das Sortiment reicht von der Liedersammlung für Gitarren-Anfänger über Rock und Jazz bis zur Klassik – sogar Notenblätter, die zur Zeit Mozarts gedruckt wurden, sind hier zu haben. Schräg gegenüber in der Jahnstraße 62 bemüht sich das „Pianohaus Atzert“ seit mehr als 80 Jahren darum, den Menschen das Klavierspielen nahezubringen: Hier gibt es regelmäßig Kurse für Einsteiger und Angebote, die es auch Menschen mit schmalerem Geldbeutel gestatten, sich ein Klavier in die Wohnung zu stellen. Im „Steinway-Room“, nur ein paar Schritte weiter im Oeder Weg 59, geht es dann nicht mehr ganz so preisgünstig zu. Aber auch hier muss man sich nicht auf ewig damit begnügen, die Nase an der Scheibe platt zu drücken: Wie

Gluckstraße/Glauburgstraße um 1900

bei den meisten Instrumentenhändlern kann auch ein „Steinway“ gemietet werden.

Dass im Lebensmittelhandel die Ketten auch im Nordend angekommen sind, haben wir schon gesagt. Daneben behaupten sich aber auch kleine Gemüseläden, türkische Vollsortimenter und Spezialgeschäfte recht gut. Im Oeder Weg 71 bietet das „Fischhaus Ohrmann“ beste Qualität aus Fluss, See und Meer. Bei „Feinkost Schmidt“ im Oeder Weg 65 gibt es neben bestem Käse und Wein auch Wild zu kaufen, und noch etwas weiter südlich beweist „A Taste of Britain“, Oeder Weg 34, dass englisches Essen längst nicht so schlecht ist wie sein Ruf. Wer bei „Michael Risse“ in der Humboldtstraße 59 auf den Bestellverteiler für die Angebote für Wein, Zigarren und Delikatessen aus aller Welt gerät, dem stehen die meisten kulinarischen Abenteuer sowieso offen. Passend zur grünen Seele des Nordenders, feiern hier auch Reformhäuser, Naturkostläden und die Bio-Supermarktketten „Basic“ und „Alnatura“ fröhlich ihre Umsätze.

Bei Klamotten ist der Nordender wählerisch. Dazu passt die Vielzahl von kleinen originellen Läden, die Kleidung mit Pfiff anbieten, von der Schneiderei bis zum Second-Hand-Paradies. Welchen Laden sollte man unbedingt besuchen? Auch hier ist die Entscheidung schwierig – seien Sie uns also nicht böse, wenn Ihre Favoriten nicht erwähnt sein sollten.

Frankfurter Designermode mit indischem Flair findet sich in der Berger Straße 39 bei „Anusha“: Da winkt die alternative Vergangenheit fröhlich herüber zur shoppenden Nordenderin. Trotz oder gerade wegen des Prinzips, ausschließlich nach Fair-Trade-Bedingungen aus organischen

Sicher ist sicher!

oder recycelten Materialien hergestellte Mode anzubieten, erfreut sich das „Organic“ in der Berger Straße 19 großer Beliebtheit unter politisch Bewussten. Bei „Coco Lores“ in der Koselstraße 7 wird vom goldenen Cocktailkleid bis zum Business-Anzug Damenmode klassisch-elegant verstanden und der geneigten Kundin auf den Leib geschneidert. Und bei „Elvira Kirsch“ in der Glauburgstraße 95 sorgt die schiere Fülle an Varianten, nach denen Kleider für jeden Anlass geschneidert werden, möglicherweise für Kopfzerbrechen.

Für Taschen und Ähnliches hat sich die „Tragbar“ in der Günthersburgallee 6 zu einem kleinen Mekka entwickelt, wo auch herzhaftes Stöbern nicht durch übereifriges Personal unterbunden wird. Ausgefallenen Kopfputz ebenso wie alltagstaugliche Hüte für Damen und Herren gibt es bei „Susanne Bänfer" im Oeder Weg 25 oder auch in der „Hutgalerie" im Sandweg 62. Bei Damenschuhen und Accessoires ist „Laura" im Oeder Weg 56 ein beliebter Quell für Anregungen; das „Insomnia" in der Berger Straße 108 kümmert sich um den schrägen Teil des Schuhmarkts. Etwas weiter südlich hat die Designerin „Petra Dieler" einen Outlet-Shop in der Berger Straße 41 eingerichtet, wo es ausgefallene Schuhmode zu erschwinglichen Preisen gibt. „Aruci" an der Ecke Glauburgstraße/Eckenheimer Landstraße bietet gehobene italienische Schuhmode zu menschenfreundlichem Preis. Im Segment darüber bietet „Handgemachte Schuhe Jörg Koch" in der Friedberger Landstraße 128 das, was schon der Name sagt: aufwändig hergestellte Lebensbegleiter in Leder. Die dürfen dann auch etwas mehr kosten – bei guter Pflege wird so schnell kein Ersatz benötigt.

Verkehrsberuhigung einmal anders

Feste & Freizeit

Mit den Studenten zog in den 1970er Jahren auch eine Kultur des Feierns ins Nordend ein. Es war damals nicht nur schick, in einer Wohngemeinschaft zu wohnen. Zur besseren Kommunikation im Viertel wurden nun auch Feste in einigen Wohnstraßen organisiert: Viele hatten nur eine kurze Lebensdauer, manche wurden jedoch zur Tradition.

Das Fest, das sich als das älteste Stadtteilfest des Nordends bezeichnen darf, ist das **Rotlintstraßenfest**, das zwischen Friedberger Platz und Egenolffstraße abgehalten wird. Es wird von den Grünen im Nordend gemeinsam mit anderen politischen Organisationen veranstaltet und lockt jedes Jahr einige Tausend Menschen an, obwohl es nur einen Tag dauert. Über die Jahre hat es seinen Charme als nichtkommerzielles Fest bewahrt, mit einer gelungenen Mischung aus Informations-, Essens- und Flohmarktständen sowie einem bunten Bühnenprogramm. Oft treten

Das Rotlintstraßenfest in den Anfängen

Rotlintstraßenfest 2010

Musikgruppen und andere Vereine/Vereinigungen auf, die aus dem Stadtteil kommen. Für Kinder gibt es – von der obligatorischen Hüpfburg bis zum Kinderkarussell – reichlich Angebote zum Spielen. Das war von Beginn an ein fester Bestandteil des Programms.

Noch heute erzählen Leute mit leuchtenden Augen, dass sie vor Jahren „vom Joschka“ das Bier eingeschenkt bekamen, als dieser schon hessischer Umwelt-, aber noch nicht Außenminister war. Das Fest gibt es seit 1984. Es findet zwei Wochen nach Ende der hessischen Sommerferien an dem jeweiligen Samstag statt. Wer Lust hat, das Fest mitzugestalten, ist dazu eingeladen.

Ort: Rotlintstraßenfest zwischen Friedberger Platz und Egenolffstraße
Kontakt: Matthias Weber, Tel.: (0173) 4862564
ÖPNV: Tramlinie 12, Buslinie 30; Station Friedberger Platz

Ist das Rotlintstraßenfest vor allem ein Bürgerfest, wird das **Fest in der unteren Berger Straße** ausschließlich von den dort ansässigen Geschäften organisiert. Seit 1986 ist an einem Wochenende im Hochsommer dort Trubel angesagt, mit Musik, die von mehreren Bühnen aus die vielen Tausend Besucher beschallt. Es gibt Modenschauen und andere Präsentationen dessen, was die anliegenden Geschäfte zu bieten haben. Zudem sind die Läden während des zwei Tage dauernden Festes für den Verkauf geöffnet. Mittlerweile kommen die Besucher nicht nur aus Frankfurt, sodass enges Gedränge bis hinauf zur Höhenstraße herrscht.

Ort: Fest in der unteren Berger Straße
Internet: www.die-untere-berger.de
ÖPNV: U4, Station Merianplatz

Das jüngste Fest, das sich erst in den vergangenen Jahren im Nordend etabliert hat und im zweijährigen Rhythmus stattfindet, ist **Die weiße Tafel** im Oeder Weg. An einem Sonntagnachmittag im Sommer wird die Straße vom „Metropolis"-Kino bis hinauf zum Adlerflychtplatz abgesperrt; es werden Tische und Bänke aufgestellt, und die Menschen aus der Nachbarschaft sind eingeladen, sich zu setzen und miteinander zu essen, zu trinken und zu reden. Bedingung: Wer dazu kommen möchte, sollte weiße Kleidung tragen. Das funktioniert tatsächlich! Viele Menschen kommen in weißer Kleidung und bringen selbst etwas zu essen oder zu trinken mit und teilen es mit neuen Bekannten. Natürlich bieten auch die Geschäfte am Oeder Weg Festtagsessen und Getränke an.

„Die weiße Tafel" im Oeder Weg

Ort: Die weiße Tafel, Oeder Weg
Internet: www.oeder-weg.de
ÖPNV: U1, U2, U3 und U8, Station Eschenheimer Tor

Feste auf dem Glauburgplatz gibt es viele: So feiert der Vereinsring Nordend halbjährlich hier seine Feste. Es gibt auch den kleinen Weihnachtsmarkt des Stadtteils. Diese Feste sind längst nicht so überfüllt wie die großen Straßenfeste; sie haben sich ihren familiären Charakter bewahrt und entfalten deshalb einen besonderen Reiz.

Ort: Feste auf dem Glauburgplatz
Kontakt: Wolfgang Lenz, Tel.: (069) 55 67 51
ÖPNV: U5, Station Glauburgstraße; Tramlinie 12, Station Rohrbachstraße/Friedberger Landstraße

Auch die SPD veranstaltet einmal im Jahr ihr **SPD-Nordendfest** am Friedberger Platz.

Ort: SPD-Nordendfest, Friedberger Platz
Kontakt: Eugen Emmerling, Tel.: (069) 49 95 80
ÖPNV: Tramlinie 12, Station Friedberger Platz

Ein besonderes kulturelles und bundesweit einmaliges Ereignis ist **STOFFEL**, ein Fest im Freien im Günthersburgpark. Seit 2004 findet es in den Sommerferien statt und geht – wie könnte es auch anders sein? – auf die Initiative des Stalburg-Theaters und seines Majordomus Michael Herl zurück. Kabarett wird geboten, politisch oder „nur" satirisch, Musik vom Feinsten, Lesungen, Theater: Für jeden ist etwas dabei!

Die Menschenmassen strömen, lassen sich auf den Bänken nieder oder kampieren auf dem Rasen. Seit 2009 gibt es auch das „Stoffelchen", ein Kinderprogramm für die Kleinen.

STOFFEL

Der Eintritt ist frei. Das Stalburg-Theater finanziert das Fest über Spenden und den Getränke- und Imbissverkauf.

Ort: STOFFEL, Günthersburgpark
Kontakt: Tel.: (069) 25 62 77 44
Internet: www.stalburg.de
ÖPNV: Tramlinie 12, Station Güntersburgpark

Außer Festen bietet das Nordend aber auch im Alltag viele Möglichkeiten zur Begegnung und Freizeitgestaltung, die nicht an den Besuch von Kneipen oder Cafés gebunden sind. Das **Jugendhaus Heideplatz** ist ein beliebter Treffpunkt für Jugendliche und junge Erwachsene, die sich sportlich oder kulturell betätigen wollen. Die Altersspanne ist groß, sie reicht von 13 bis 21 Jahren, und an der Zusammensetzung der Teilnehmer zeigt sich, wie multikulturell das Nordend geworden ist.

Musik ist natürlich ein wichtiger Teil des Angebots: So mancher Jugendliche darf davon träumen, dass hier seine Rapper-Karriere beginnt. Regelmäßig gibt es Konzerte, die von den Jugendlichen selbst organisiert werden und auf große Zustimmung bei Publikum und Presse stoßen. Im Haus werden zudem Videofilme produziert, und auch diese werden in der Öffentlichkeit gezeigt. Für viele Jugendliche ist dies eine wichtige Bestätigung. Ausstellungen gehören gelegentlich auch zum Programm, ebenso wie Beratungen und spezifische Gruppenangebote. Auch diejenigen, die Probleme haben, einen Raum zum Feiern zu finden, können hier fündig werden.

Das Jugendhaus am Heideplatz

Wegen seiner Nähe zur Innenstadt genießt das Jugendhaus einen Bekanntheitsgrad, der die Stadtteilgrenzen weit überschreitet. Das von Jugendlichen betreute „Café Nutzbar“ ist die erste Anlaufstation des Hauses. Ein Team von Pädagogen und Sozialarbeitern begleitet die manchmal nicht ganz einfache Arbeit. Träger des Jugendhauses ist der Evangelische Verein für Jugendsozialarbeit. Auch das Kinderbüro hat im Jugendhaus Heideplatz sein Domizil gefunden. Das Kinderbüro begreift sich als Interessenvertretung für alle

Frankfurter Kinder und ist gleichzeitig Informations- und Clearingstelle für Eltern und Kinder, die Probleme haben.

Ort: Jugendhaus Heideplatz, Schleiermacherstraße 7
Kontakt: Tel.: (069) 4 99 07 11 (Jugendhaus)
Tel.: (069) 21 23 90 01 (Kinderbüro)
Internet: www.jugendhaus-heideplatz.de
ÖPNV: Buslinie 32, Station Höhenstraße

Ein originelles Ziel für die Freizeitgestaltung ist das **Explora** am Glauburgplatz: ein ungewöhnliches Museum in einem ungewöhnlichen Haus. Schaut man von der Glauburgstraße in Richtung Spielplatz, sieht man im Hintergrund ein riesiges Gebäude, an dem eine „Spiderman"-Figur sich an einer Fotovoltaik-Anlage zu schaffen macht. Ebenso wenig zu übersehen ist der Kopf Lenins, der über den Eingang wacht und mit unbeweglicher Miene durch eine auffällige Brille das Geschehen im Nordend beobachtet. Diese rot-grüne Brille ist keine politische, sondern soll zeigen, dass hier im Gebäude Bilder im 3-D-Format besichtigt werden können.

Das Explora ist in seiner Art wohl einzigartig. Der ehemalige Zivilschutzbunker wurde 1995 von Gerhard Stief ohne öffentliche Fördergelder in ein Museum der Wissenschaft und Technik umgewandelt – ein Museum zum Anfassen und Mitmachen. So kann der Besucher optische Täuschungen oder akustische Experimente erleben, die ihn aus dem Staunen nicht mehr herauskommen lassen. Einzigartig auf der Welt ist wohl die Sammlung berühmter Holografien – faszinierende Bilder, die eine Realität vorgeben, die es nicht gibt, und die je nach Betrachtungs-

Lenin vor dem „Explora"

winkel und Entfernung ihr Aussehen verändern. Da entpuppt sich ein scheinbar gewöhnliches Puzzle als ein Portrait von Marilyn Monroe allein dadurch, dass der Betrachter einen Schritt zur Seite geht und damit seinen Blickwinkel verändert.

Auch bei Themen aus den Bereichen Mathematik und Logik darf geknobelt werden. Beim Lösen der einzelnen Aufgaben kommen die Menschen oft ins Gespräch und lernen sich kennen. Natürlich bekommt man, wenn es denn gewünscht wird, auch Hilfe von einer Mitarbeiterin oder sogar vom Chef persönlich. Gruppen erhalten nach Anmeldung gerne eine Führung.

Ort: Explora, Glauburgplatz 1
Kontakt: Tel.: (069) 78 88 88
Internet: www.exploramuseum.de
ÖPNV: U5, Station Glauburgstraße

Kinogänger kommen im Nordend wirklich auf ihre Kosten; hier gibt es sowohl das größte als auch das kleinste Kino der Stadt. Für die Fans von Blockbustern und Hollywood-Schinken bietet das **CineStar Metropolis** beste Unterhaltung. Frankfurts erstes Multiplex-Kino wurde 2001 eröffnet. Die denkmalgeschützte Fassade ist das Einzige, was vom ehemaligen Volksbildungsheim übrig geblieben ist. Von den zwölf Kinosälen sind vier digitalisiert und 3D-fähig. Insgesamt bietet das größte Kino Frankfurts 3.555 Plätze. Filmpremieren, Festivals und andere Veranstaltungen, wie z. B. Live-Übertragungen von Opern- und Theateraufführungen aus dem Royal Opera House oder dem National Theatre in London, gehören zum festen Programm. Sogar Kindergeburtstage und Familienfeste werden hier ausgerichtet. Seit kurzem haben auch fremdsprachige Filme ihren Platz, und dabei geht es beileibe nicht immer nur um amerikanische Massenware.

„CineStar Metropolis"

Ort: CineStar Metropolis, Eschenheimer Anlage 40
Kontakt: Tel.: (069) 95 50 64 01
Internet: www.cinestar.de
ÖPNV: U1, U2, U3, U8 und Buslinie 36; Station Eschenheimer Tor

Für eingefleischte Cineasten ist aber vor allem das Kino **Mal Seh'n** in der Adlerflychtstraße eine der wichtigsten Anlaufstellen in der Stadt. Das Kino, das 80 Plätze hat, wurde 1984 in typischer Nordend-Manier in Eigeninitiative von einer Gruppe Filminteressierter auf die Beine gestellt und war einige Jahre lang das einzige Programmkino in Frankfurt. Heute zeigt es Filme aus aller Welt, meist in der Originalfassung mit deutschen Untertiteln, häufig auch Kunst- und Dokumentarfilme. Filmfreunde schätzen besonders die akribische Arbeit, mit der immer wieder Reihen zu besonderen Themen gestaltet werden.

Ort: Mal Seh'n, Adlerflychtstraße 6
Kontakt: Tel.: (069) 5 97 08 45
Internet: www.malsehnkino.de
ÖPNV: U5, Station Musterschule

Obwohl er einer der älteste Sportvereine des Nordends ist und ein eigenes Sportfeld im Stadtteil hat, kennen ihn nur wenige: den **Sport-Club „Frankfurt 1880“**. Das hat zum einen mit der Randlage des Vereinsgeländes zwischen Bertramswiese und Adickesallee zu tun, zum anderen mit den dort ausgeübten Sportarten: Rugby, Hockey, Lacrosse oder Eisstockschießen sind leider nicht übermäßig populär. Tennis, Squash und Skigymnastik gibt es aber ebenfalls.

Ort: Sport-Club „Frankfurt 1880“ e.V., Feldgerichtstraße 29
Kontakt: Tel.: (069) 55 02 62
Internet: www.sc1880.de
ÖPNV: U5, Station Hauptfriedhof

Ein bisschen versteckt hat sich die 1861 gegründete Abteilung Turnen der **Frankfurter Eintracht** im Oeder Weg 37. Das dortige Vereinsheim mit Turnhalle bietet für Alt und Jung viele Sportarten an, vom „klassischen“ Turnen bis zur Fitness-Dröhnung mit Tae Bo.

Die Eintracht mit ihrer ältesten Abteilung im Oeder Weg

Ort: Eintracht-Geschäftsstelle, Oeder Weg 37
Kontakt: Sabine Urban, Tel.: (069) 55 35 40
Internet: www.eintracht.de
ÖPNV: U1, U2, U3, U8 und Buslinie 36; Station Eschenheimer Tor

Das Nordend war als neuer Frankfurter Stadtteil von Beginn an gut versorgt mit Schulen. Wegen der vielen Lehrer, die sich hier niederließen, war deshalb auch vom „Tintenviertel“ die Rede. Wegen der großen Zahl von Wortschmieden, die mit dem Schreiben ihren Lebensunterhalt verdienen, könnte das auch heute noch ein passender Name für das Nordend sein. Wer als Journalist oder Schriftsteller tätig ist, kann beim Bummeln durch das Nordend ziemlich gewiss sein, auf Kollegen zu treffen.

Robert Gernhardt (*1937 – †2006): Neuer Frankfurter Schulmeister

Ob Robert Gernhardt der bedeutendste Schriftsteller war, der in den vergangenen Jahren im Nordend gelebt hat, sei dahingestellt. Auf jeden Fall war er der am meisten gelesene und ganz sicher der unterhaltsamste. 1937 in Reval (heute Tallinn) in Estland geboren, kam er 1964 nach Frankfurt und arbeitete hier als Maler, Zeichner, Karikaturist und Schriftsteller. Hier blieb er auch bis zu seinem Tod am 30. Juni 2006.

Gernhardt gehört zu den Legendären der „Neuen Frankfurter Schule“, die ab den 1960er Jahren eine neue Humor-Kultur nach Deutschland brachten. Zunächst diente das Satiremagazin „Pardon“ als Plattform der Nonsens-Genies, später wurde dann die „Titanic“ zum Flaggschiff gegen Bürgermief. In der Zusammenarbeit mit dem ostfriesischen Götterboten Otto Waalkes, für den

Gernhardt Bühnenprogramme und Drehbücher schrieb, entwickelte er sein Talent für kurze, treffende Sentenzen weiter – der kommerzielle Erfolg der Otto-Produktionen tat dem Wohlbefinden sicherlich ebenfalls gut.

Neben dem Nonsens entwickelte Gernhardt im Laufe der Jahre immer deutlicher eine ganz eigene lyrische Sprache, die ihm ab den 1980er Jahren auch die Anerkennung der „ernsthaften“ Literaturkritik und eine schier unübersehbare Zahl von Auszeichnungen eintrug. Er zeigte, dass Humor und Tiefgründigkeit auf das Prächtigste zusammengehen können. Seine Bände „Wörtersee“ (1981), „Weiche Ziele“ (1994), „Herz in Not“ (1996), „Lichte Gedichte“ (1997), „Die K-Gedichte“ (2004) und „Später Spagat“ (2006 posthum erschienen) zeigen ihn als einen äußerst vielseitigen Lyriker, der sich auch nicht scheute, dramatische persönliche Erfahrungen wie Herzoperation und Krebserkrankung in Gedichtform anzugehen. Im Frankfurter Alltag ist Gernhardt mit seinem „Grüngürteltier“ überall dort präsent, wo man sich in schöner grüner Umgebung entspannen und zum Beispiel ein Buch lesen kann – wieso nicht ein paar seiner Gedichte?

*Michi (Michael) Herl (*1959): Der kühle Typ*

Majestätisch aussehen tut er, mit knubbelnasigem Gesicht, stets freundlich-skeptischem Blick – und der Körperbau vermittelt auch die nötige Gravitas. So steht oder sitzt er gerne in einem der Nordender Cafés, schlürft sein Heißgetränk und raucht: Michi Herl, der „Kultur-Pate“ des Nordends.

Natürlich ist Michi Herl als echter Nordender ein Zugereister. Er stammt aus Pirmasens, und über Stationen in München und Hamburg kam er in den 1980er Jahren als Journalist nach Frankfurt. Er schrieb Reportagen, drehte Filme und wurde allmählich so etwas wie der Leitwolf der Kleinkunst-Szene. Das führte 1998 zur Gründung des Stalburg-Theaters. Ab 1999 verhalf er der „Late Lounge“ im Regionalprogramm des Hessischen Rundfunks an der Seite von Roberto Cappelluti zu bundesweitem Kultstatus, bis er dann 2005 wegen Renitenz gefeuert wurde – eines der Trauerspiele, die sich unser Landessender geleistet hat.

Das Stalburg-Theater ist seit seiner Gründung zur Kultbühne Frankfurts geworden: Fast jede Vorstellung ist ausverkauft. Inzwischen gibt es auch ein festes Ensemble.

Die deutsche Sprache ist für Herl ein hohes Gut; anglisiertes Kauderwelsch hingegen mag er nicht. Das wunderbare STOFFEL-Fest im Günthersburgpark hat er ebenfalls erfunden, und die Ideen werden ihm so schnell nicht ausgehen.

*Bäppi la Belle (*1961): Das Chamäleon*

Dass Angela Merkel, jawohl, unsere Kanzlerin aus dem Mecklenburgischen, eine Nordend-Bewohnerin ist, das wissen wohl die wenigsten. Die „Nordend-Merkel" ist allerdings auch bekannter unter dem Künstlernamen Bäppi la Belle, und dahinter verbirgt sich der wohl fröhlichste Travestiekünstler aus dem Stadtteil. Eigentlich heißt er Thomas Bäppler-Wolf und leitet seit Jahren eine Tanzschule in der Friedberger Landstraße 296. Er gründete dort das Frankfurter TiTs-Theater, das heute **Theatrallalla** heißt. Außerdem ist er Präsident des Berufsverbandes Deutscher Tanzlehrer. Mit seiner Glanzrolle „Ändschie" ist Bäppi mittlerweile zur Kultfigur geworden, die weit über Frankfurt hinaus bekannt ist.

Ort: Theatrallalla, Friedberger Landstraße 296
Tel.: (069) 59 37 01
Internet: www.theatrallalla.de
ÖPNV: Bus 30, Station Münzenberger Straße

*Hans-Peter Hoogen (*1947): Der „Größenwahn"-Sinnige*

Wenn andernorts jemand als größenwahnsinnig bezeichnet wird, ist das selten nett gemeint. Im Nordend ist das nicht so, denn dort steht „Größenwahn" für bestes Essen, und Hans-Peter Hoogen hat entscheidenden Anteil daran. Als Mitglied der Grünen erhielt er 2005 den „Hessischen Verdienstorden am Bande" – ausgerechnet aus der Hand von Roland Koch, der damals noch als Ministerpräsident amtierte. Hans-Peter Hoogen, der in einem Dorf am Niederrhein in einer brav katholischen Bauernfamilie aufwuchs, kam 1971 – 24-jährig und bekennender Schwuler – nach Frankfurt und engagierte sich in der Roten Zelle „RotzSchwul". Als die eingetragenen Lebenspartnerschaften von Lesben und Schwulen noch lange nicht in Sicht waren, machte ihn 1992 eine Aktion vor dem Frankfurter

Standesamt bundesweit bekannt: Er ließ sich mit seinem damaligen Freund Fritz beim innigen Kuss fotografieren. Sicher ist es kein Zufall, dass das Motto der Frauenbewegung – „Hessen soll wärmer und weiblicher werden" – bis heute seinen Platz im Café hat.

Hans-Peter – die meisten Gäste duzen ihn – entwickelte im Laufe der Zeit viele Aktivitäten, die mit dem Schwulsein und mit der AIDS-Krankheit zusammenhängen. Am bekanntesten ist wohl der jährlich in Frankfurt stattfindende „Lauf für mehr Zeit". Dort gehen mehrere Tausend Läufer an den Start, bezahlen dafür und sponsern so Dienste, die von einer Krankenkasse nicht finanziert werden. Über Jahre war Hans-Peter Hoogen auch im Vorstand der Frankfurter AIDS-Hilfe. Der „Runde Tisch", der sich mit der Situation homosexueller Menschen in Frankfurt befasst, geht ebenfalls auf seine Anregung zurück.

Er gründete „40 plus", ein Forum für ältere schwule Männer, das unter anderem Diskussionsabende zum Thema „Älterwerden als schwuler Mann" und Freizeitaktivitäten anbietet, um der Vereinsamung von älteren Schwulen entgegenzuwirken.

*Liesel Christ (*1919 – †1996): „Kall, mei Drobbe!"*

Wer von den Älteren kennt sie nicht, die beliebte Frankfurter Volksschauspielerin, Liesel Christ, die schon mit vier Jahren auf der Bühne stand. Kaum jemand weiß aber, dass sie das Licht der Welt in der Koselstraße 42, also im Nordend erblickte. Liesel Christ, ein „eschd Frankforder Mädsche", das den Frankfurter Dialekt so populär gemacht hat, wurde ab 1959 als „Mama Hesselbach" bundesweit bekannt. Später folgten viele andere hr-Produktionen, und auch in mehreren Tatort-Folgen trat sie auf. Bis zu ihrem Tod 1996 leitete sie das von ihr 1971 gegründete Frankfurter Volkstheater, in dem vor allem mundartliche Unterhaltungsstücke gespielt werden. Großen Erfolg hatte sie auch mit klassischen Bühnenstücken in hessischer Bearbeitung. Das Theater gibt es noch heute. Es hat seinen Sitz neben dem Goethehaus im Großen Hirschgraben.

Nach einem schweren Sturz starb sie im Alter von 77 Jahren. Liesel Christ wurde auf dem Frankfurter Haupt-

friedhof begraben. Auf ihrem Grab sind immer wieder frische Blumen zu finden. Ein Jahr nach ihrem Tod hat die Stadt Frankfurt ihr zu Ehren einem kleinen Platz an der Bockenheimer Anlage den Namen „Liesel-Christ-Anlage“ gegeben.

*Charles Hallgarten (*1838 – †1908): Sozialer Kapitalist*

Wenn man den Nibelungen-Platz nach Norden passiert, fällt an der Friedberger Landstraße ein Baukomplex mit roten Backsteinen auf. Er passt so gar nicht in die üblichen Gründerzeitbauten des Nordends. Hier hat die „Frankfurter Aufbau AG" das Sagen, und es ist kein Zufall, dass hier auch die Hallgartenstraße zu finden ist. Dieser Wohnkomplex geht auf die Initiative eines sozial engagierten Menschen zurück: Charles Hallgarten, von dem der Pfarrer Friedrich Naumann sagte, er sei „ein Kapitalist, aber kein Interessenvertreter des Kapitals".

Hallgarten wurde am 18. November 1838 geboren, war zunächst deutscher Staatsbürger und hieß eigentlich Karl. Er stammte aus einer jüdischen Familie und verbrachte seine Kindheit in Mainz, bevor er 1851 nach Amerika übersiedelte. Nachdem er sich von einer Tuberkuloseerkrankung mehr schlecht als recht erholt hatte, ließ er sich 1877 in Frankfurt am Main nieder. Als Teilhaber des väterlichen Bankhauses hatte er es zu ansehnlichem Reichtum gebracht. Zeit seines Lebens zeigte er ein großes Interesse an sozialen Fragen und organisierte viele Wohltätigkeitsveranstaltungen, grün-

dete Vereine und andere Organisationen, um in Not geratenen Menschen zu helfen. Mit der Industriegesellschaft entstand in den schnell wachsenden Städten ein Proletariat, das oft in elenden Verhältnissen leben musste. Die „Wohnungsfrage“ stand auf der Tagesordnung. Die Gründung der „Aktienbau für kleine Wohnungen“, die ausdrücklich der Versorgung der armen Bevölkerungsschichten mit angemessenem Wohnraum verpflichtet ist, geht auf Hallgartens Initiative zurück. Einige Jahre lang war er auch Aufsichtsratsvorsitzender dieser Gesellschaft.

*Engelbert Humperdinck (*1854 – †1921): Der Romantiker*

Hier entstand die Oper „Hänsel und Gretel“.

„Suse, liebe Suse, was raschelt im Stroh?“ – dieses Kinderlied kennt jeder, genau wie „Ein Männlein steht im Walde“. Geschrieben hat diese Lieder ein Musiker, der viele Jahre in dem schmucken Haus in der Scheffelstraße 1 zugebracht hat: Engelbert Humperdinck, Komponist und einige Zeit lang Assistent von Richard Wagner in Bayreuth. Schon früh wurde sein Talent entdeckt: Der hochbegabte Student wurde 1876 mit dem Frankfurter Mozartpreis ausgezeichnet.

Diese und andere Auszeichnungen reichten allein nicht zum Leben: Von 1890 an lehrte Humperdinck, wie auch Clara Schumann, am Dr. Hoch'schen Konservatorium in Frankfurt. Weltruhm erlangte er mit seiner Märchenoper „Hänsel und Gretel“, die 1893 in Weimar uraufgeführt wurde. Auch dieses Werk entstand in dem schönen Nordend-Haus, an dem heute eine Gedenktafel angebracht ist.

Anlässlich seines 150. Geburtstags wurde Engelbert Humperdinck 2004 von der Deutschen Post mit einer Briefmarke geehrt. Der bekannte Schlagersänger Arnold George Dorsey machte eine Weltkarriere – aber erst, nachdem er sich nach dem Komponisten aus der Scheffelstraße benannt hatte.

*Peter Lerchbaumer (*1945): Ein Wiener im Nordend*

Das Frankfurter Polizeipräsidium liegt ja bekanntlich an der Adickesallee im Nordend. Also wundert sich wohl niemand darüber, wenn ihm beim Einkaufen im Viertel oder beim Nachmittagskaffee der pensionierte Kriminaloberrat

Rudi Fromm über den Weg läuft. „Tatort"-Fans wissen, dass der ehemalige Chef der TV-Mordkommission in Wirklichkeit Peter Lerchbaumer heißt. Eigentlich ist der gebürtige Wiener gelernter Autolackierer. Zur Schauspielerei kam er durch Zufall: Weil Peter so gut erzählen konnte, gab ihm auf einer Tramper-Reise nach Italien ein Autofahrer den Tipp, sich bei einer Schauspielschule zu bewerben. Gesagt, getan: Er rief in Wien eine Schauspielschule an und bekam die eigenartige Frage gestellt, ob er denn schöne Zähne habe. Die hatte er, und somit stand Ausbildung und Karriere nichts mehr entgegen.

Nach vielen Engagements an großen deutschsprachigen Bühnen kam Peter Lerchbaumer 1990 ans Frankfurter Schauspiel, zu dessen Ensemble er bis 2002 zählte. Wie viele Zugereiste hat er einige Jahre gebraucht, um in Frankfurt heimisch zu werden. Als leidenschaftlicher Fahrradfahrer fühlt er sich heute im Nordend „sauwohl".

*Stefanie Zweig (*1932): Afrika im Herzen*

Journalistin ist sie durch und durch, und auch noch lange nach ihrer Pensionierung schreibt sie regelmäßig ihre Kolumne für die Frankfurter Neue Presse: Stefanie Zweig, die Grande Dame der Nordend-Literaten, ist berühmt für ihre autobiografisch inspirierten Afrika-Romane. Seit mehr als 60 Jahren wohnt sie in einem Haus in der Rothschildallee, dem sie auch in drei Romanen ein Denkmal gesetzt hat.

Die Judenverfolgung in der Nazi-Zeit zwang ihre Familie 1938 ins Exil. Sie landete auf einer Farm in Kenia: ein Land, das für die kleine Stefanie ebenso fremd wie faszinierend war. Die Eindrücke der neun Jahre in Afrika haben sie nie losgelassen; fast ein Dutzend Kinderbücher und Romane sind dadurch inspiriert worden. Mehr als 20 Bücher hat sie veröffentlicht und dabei mehr als 6 Millionen Exemplare verkauft. Besonders das 1995 erschienene „Nirgendwo in Afrika“ avancierte zum Mega-Hit. Es wurde in 13 Sprachen übersetzt, 2003 verfilmt und mit einem Oscar ausgezeichnet.

*KD (Karl Dietrich) Wolff (*1943): Des Nordends „Roter Stern"*

„Von 1848 sind Bayreuth und Wagner geblieben. Von 1968 KD Wolff und der Verlag Stroemfeld/Roter Stern", sagte vor Jahren der Schriftsteller Friedrich Dieckmann. Das Leben schlägt zuweilen lustige Kapriolen: Als Ende 2009 Karl Dietrich Wolff das Bundesverdienstkreuz an die Brust geheftet wurde, da war die Freude bei den vielen Sympathisanten des konsequenten Alt-Linken, den alle nur als „KaDeh" ansprechen, groß.

Wieso ein Verleger, der mit fein edierten Ausgaben der Werke von Hölderlin bis Kafka das deutsche Bildungsbürgertum bedient und nebenbei einen der wichtigsten Schriftsteller der Gegenwart, Peter Kurzeck, seit Jahren pflegt, solchen Applaus erhielt, erklärt sich aus seiner Vita: Als Erster Vorsitzender des Sozialistischen Deutschen Studentenbundes war er 1967/68 einer der wichtigsten Köpfe der Studentenbewegung. Noch vor kurzem holte ihn seine Reputation ein, als ihm die Einreise in die USA verweigert wurde. 1969 hatte er eine Anhörung im US-Senat mit seinen Einlassungen zur Rassen- und Vietnampolitik zum Tribunal umfunktioniert. Seither galt er als „persona non grata", was ihn in der Folge aber nicht an weiteren USA-Reisen hinderte.

Der US-Konsul entschuldigte sich persönlich, KD Wolff quittierte es mit verschmitztem Lächeln – und wie wir ihn kennen, hat er ihm gleich noch die Anschaffung einiger Bücher aus dem feinen Verlag im Nordend empfohlen.

*Joschka Fischer (*1948) und Jutta Ditfurth (*1951): Die Streitbaren*

Es waren einmal zwei Königskinder, die konnten sich überhaupt nicht leiden. So könnte dereinst die Erzählung über Leben und Werk des Bundesaußenministers a. D. Josef „Joschka" Fischer einerseits und Jutta Gerta Armgard von Ditfurth andererseits beginnen – zwei Urgesteine der Grünen, die in den 1970er Jahren aus dem politischen Milieu des Nordends heraus auf die Bühne der Bundespolitik traten. Wobei die Lebenswege kaum unterschiedlicher hätten sein können. Auf der einen Seite der Metzgersohn aus dem Schwäbischen, ohne Abitur, aber mit Herz, Neugier und Köpfchen und seit Beginn mittendrin beim

Kampf um eine bessere Gesellschaft, in der Theorie wie auch in der nahkämpferischen Praxis.

Auf der anderen Seite die Tochter aus adeligem Hause, die ein halbes Dutzend Fächer an einem halben Dutzend Universitäten im In- und Ausland studiert hatte und 1977 nach Frankfurt kam. Beide mit eher kurzen Geduldsfäden ausgestattet, vor allem gegenüber intellektuell tapsigen Zeitgenossen, beide überzeugt davon, dass die Gesellschaft tiefgreifend verändert werden müsse.

Mit der neuen Partei der Grünen fanden beide das optimale Vehikel für ihre Ambitionen. Doch während der Metzgersohn für sich erkannte, dass in der Politik die schönste Idee nichts nützt, wenn man keine Mehrheiten findet, blieb die Adelstochter irgendwie hängen im Proseminar der Politologie. Wir wissen, dass die Fischer-Linie sich durchsetzte und dabei – trotz des Schluckens vieler Kröten auf dem Wege – letztlich einen gesellschaftlichen

Konsens über den schonenden Umgang mit der Umwelt hergestellt hat, der heute unstrittig ist.

Die Karriere Joschka Fischers vom Taxifahrer und WG-Bewohner zum Bundesaußenminister geschah im Rampenlicht. Für Jutta Ditfurth, die ihr „von“ nicht hören mag, blieben nach ihrem wütenden Abschied von den Grünen 1991 die Mühen der Täler und allenfalls der Ebenen. Mit ihrer „ÖkoLinX“-Partei macht sie Kommunalpolitik in Frankfurt. Wer Streitkultur liebt, schätzt sie und ihre bissigen Artikel, auch wenn man nicht immer ihre Ansichten teilt.

*Peter Kurzeck (*1943): Auf der Suche nach gelebter Zeit*

Peter Kurzeck, geboren im böhmischen Tachau, kam als Flüchtlingskind 1946 mit seiner Mutter und seiner Schwester nach Gießen und wuchs in Staufenberg, einem Dorf unweit der mittelhessischen Universitätsstadt, auf. Bis 1971 arbeitete er als Zivilangestellter auf einem Stützpunkt der US-Army in Gießen und begab sich danach auf intensive Wanderschaft. Nach Stationen in Wien, Hamburg, Paris, Prag, Marseille und Venedig kam er 1977 nach Frankfurt, wo er seither lebt – falls er sich nicht gerade im südfranzösischen Städtchen Uzès aufhält.

Kurzecks Texte sind oberflächlich gesehen eine autobiografisch gefärbte Chronik der Provinz – mehr noch aber sind sie zeitlose Dokumente eines Lebens, das sich auf die örtliche Bindung an Oberhessen und Frankfurt gründet. Durch diesen regionalen Bezug erhalten seine Werke eine literarische Kraft, die weit über die Zufälligkeiten des Ortes, der Zeit und der handelnden Personen hinausgeht. Dabei bedient er sich einer zunächst hermetisch wirkenden Sprache, die sich aber beim Lesen selbst entschlüsselt und den Blick auf eine originelle Sicht der Welt öffnet.

Seit Mitte der 1990er Jahre arbeitet Peter Kurzeck an einem auf sieben Bände angelegten autobiografischen Romanprojekt, in dem er die Jahre 1983 und 1984 im Leben des Schriftstellers „Peta" in Frankfurt schildert.

*Emil Mangelsdorff (*1925): Der Freiheitsmusiker*

Emil Mangelsdorff ist einerseits eine Leitfigur des deutschen Jazz nach dem Zweiten Weltkrieg. Andererseits ist er jemand, dessen Wirkung weit über die Musik hinausgeht. Er hat Brücken gebaut zu denen, die unter der Nazi-Herrschaft besonders gelitten haben. Als einer der ersten deutschen Musiker trat er 1957 mit den „Frankfurt All Stars" beim Jazz-Festival im polnischen Sopot auf.

Die Familie Mangelsdorff verabscheute die Nationalsozialisten. Emil gehörte zur Swing-Jugend, spielte in illegalen Jazz-Bands und landete deshalb 1943 sogar für einige Wochen in Gestapo-Haft. Nach dem Krieg wurde er schnell eine der bestimmenden Figuren der Frankfurter Jazz-Szene. Er stieg dabei von der Klarinette allmählich auf

Altsaxophon und Flöte um. Er beherrscht verschiedene Stilrichtungen – von Bebop über Cool Jazz bis Free Jazz – und entwickelte allmählich einen ganz eigenen und unverwechselbaren Ton, der ihn bis heute auszeichnet. Seit 1995 tritt Emil Mangelsdorff an jedem ersten Montag im Monat im Holzhausenschlösschen auf. Trotz seines hohen Alters berichtet er als Zeitzeuge noch immer in Schulen über die schreckliche Nazi-Zeit, manchmal gemeinsam mit dem Konzertveranstalter Fritz Rau.

Die Zahl der Auszeichnungen, mit denen Emil Mangelsdorff geehrt wurde, ist unüberschaubar: Er erhielt das Bundesverdienstkreuz, die Wilhelm-Leuschner-Medaille, die Johanna-Kirchner-Medaille, die Goethe-Plakette und viele andere mehr. Der FAZ-Journalist Hans Riebsamen schrieb über Emil Mangelsdorff zu dessen 85. Geburtstag: „Emil Mangelsdorff ist mehr als nur ein großer Musiker. Er ist ein ungewöhnlicher Mensch, der die positive Seite Deutschlands repräsentiert wie nur wenige aus seiner Generation. Ein Mann der Freiheit, dem Zwang und Drill immer zuwider waren."

Wichtige Adressen

Ärztlicher Notdienst, Tel.: (069) 1 92 92

Deutsche Nationalbibliothek, Adickesallee 1, Tel.: (069) 1 52 50, www.d-nb.de

Explora, Glauburgplatz 1, Tel.: (069) 78 88 88, www.exploramuseum.de

Fahrradläden:

Bike-Garage Horst Richter, Glauburgstraße 83, Tel.: (069) 55 40 65
Custom Delux-Bikes, Günthersburgallee 6, Tel.: (069) 13 81 83 13
Radfix, Bornwiesenweg 67, Tel.: (069) 26 49 34 60
Radschlag, Hallgartenstraße 56, Tel.: (069) 45 20 64
Reha Fahrrad-Werkstätten (Reparatur), Eschersheimer Landstraße 65, Tel.: (069) 13 02 48 62

FES (Frankfurter Entsorgungsservice), Weidenbornstraße 40, Servicetelefon: (0180) 33 72 25 50

Hessischer Rundfunk, Bertramstraße 8, Tel.: (069) 1 55 1, www.hr-online.de

Holzhausenschlösschen, Justinianstraße 5, Tel.: (069) 5 55 77 91, www.frankfurter-buergerstiftung.de

Welcher **Kinderhort** für Ihr Kind zuständig ist, erfahren Sie unter Tel.: (069) 21 23 65 64, www.frankfurt.de/Stadtschulamt/KiTa-Wegweiser

Kinos:

Mal seh'n, Adlerflychtstraße 6, Tel.: (069) 5 97 08 45, www.malsehnkino.de

Metropolis, Eschenheimer Anlage 40, Tel.: (069) 95 50 64 01, www.cinestar.de

Krankenhäuser:

Bethanien-Krankenhaus (u. a. Spezialist für Herzkrankheiten), Im Prüfling 21-25, Tel.: (069) 4 60 80
Bürgerhospital, Nibelungenallee 37–41, Tel: (069) 1 50 00
Diakonissen–Krankenhaus, Holzhausenstraße 72-92, Tel: (069) 9 59 37 50
Maingau-Krankenhaus, Scheffelstraße 2-16 Tel: (069) 4 03 30
Privatklinik Adickesallee GmbH, Adickesallee 51-53, Tel.: (069) 95 50 33 50
Privatfrauenklinik Dr. Hamacher, Hynspergstraße 3, Tel.: (069) 55 34 28
St. Marien-Krankenhaus, Richard-Wagner-Straße 14, Tel: (069) 1 56 30

Der **Ortsbeirat** ist ein Bindeglied zwischen Bürgerschaft, Magistrat und Stadtverordnetenversammlung. Die Bürger(innen) haben vor jeder OBR-Sitzung, die in der Regel einmal im Monat stattfindet, Gelegenheit, Anregungen zu geben und Fragen zu stellen. Tel.: (069) 2 12 32 65, www. Stadt-frankfurt.de/Rathaus/Ortsbeiräte(3)

Polizei:

Polizeirevier 2, im Polizeipräsidium Adickesallee 70, Tel: (069) 7 50 02
Polizeirevier 3, Mercatorstraße 50, Tel: (069) 7 50 03

Das **Römertelefon** stellt zu allen städtischen Ämtern Verbindung her. Tel.: (069) 21 24 00 00

Schulen:

Grundschulen:
Comeniusschule, Burgstraße 59, Tel: (069) 21 23 34 84
Merianschule, Burgstraße 21, Tel.: (069) 21 23 44 79
Schwarzburgschule, Lenaustraße 81, Tel.: (069) 21 23 39 40

Realschule:
Fürstenbergerschule, Fürstenbergerstraße 152,
Tel.: (069) 21 23 51 45
Integrierte Gesamtschule:
IGS Nordend, Hartmann-Ibach-Straße 54-58,
Tel.: (069) 21 23 08 55
Gymnasium:
Elisabethenschule, Vogtstraße 35-37, Tel: (069) 21 23 51 44
Musterschule, Oberweg 5-9, Tel.: (069) 21 23 52 67
Berufsschulen:
Berta-Jourdan-Schule, Adlerflychtstraße 24,
Tel.: (069) 21 23 52 71
Hans-Böckler-Schule, Rohrbachstraße 38,
Tel.: (069) 21 23 44 09
Klingerschule, Mauerweg 1, Tel.: (069) 21 23 51 61

Fachhochschule: Nibelungenplatz 1, Tel.: (069) 1 53 30

Sozialpfleger(innen) kümmern sich um Personen, die hilfsbedürftig sind und vielleicht auch Probleme mit Sozialbehörden und anderen Verwaltungen haben.
Tel.: (069) 21 23 38 22

Stadtbezirksvorsteher(innen) können kostenfrei amtliche Beglaubigungen durchführen. Im Nordend gibt es 6 Stadtbezirke. Wer für welchen Bezirk zuständig ist, kann erfragt werden unter Tel.: (069) 21 23 38 22

Stadtverwaltung: Tel.: (069) 2 12 01

Stalburg-Theater, Glauburgstraße 80, Tel.: (069) 25 62 77 44, www.stalburg.de

Bildnachweis

ARTOTHEK/Blauel, Gnamm 52
Ronald Bieber 91
Christoph Boeckheler 33
Heidi Breuer 31
Dieter Church 14, 24, 32
Gisela Dahlem-Christ 110
Wolf Dietrich 60
Frankfurter Bürgerstiftung im Holzhausenschlösschen 50 unten
Alfred Hankel 20, 47
Jörg Harraschain 13, 16, 17, 19, 21, 22, 23, 26, 30, 31, 34, 37, 38, 40, 42, 50, 51, 53, 55, 61, 62, 64, 66, 68, 70, 71, 75, 76, 78, 80, 81, 83, 88, 89, 96, 98, 99, 101, 105, 108, 112, 114
Hessischer Rundfunk 45
Institut für Stadtgeschichte Frankfurt 12, 28, 29, 48
Georg Kumpfmüller 90
Peter Langfeldt 59
Monique Mangelsdorff 122
Achim Mittler 25, 36, 56, 58
Dora Müller 86
Oeder Weg e.V. 93
Rolf Oeser 35, 69, 115, 116, 118
Vivien Ohms 49
Oleg 103
Malies Ortmeyer 11
Jon Pahlow 9
Picture-Alliance-dpa 111
Robert Schuler 120
Stalburg-Theater 73, 94
Kurt Steinhausen 119
Struwwelpeter-Museum Frankfurt 41
Maiyer Szanckhower 44
Norbert Weidl 85
Martin Weis 106

Autorenportraits

© Ralf Oeser

Die Frankfurter Rundschau bezeichnet **Jörg Harraschain** (Jg. 1942) als den „heimlichen Bürgermeister" oder „König des Nordends". Er ist im Quartier bekannt wie ein bunter Hund, denn seit Jahrzehnten engagiert er sich für die Belange der Einwohner des Nordends, sechs Jahre lang auch als Ortsvorsteher. Der Diplom-Volkswirt lebt seit 1964 in Frankfurt. Im Nordend wohnt er ununterbrochen seit 1974 und wurde 2010 von der Stiftung Polytechnische Gesellschaft zum „StadtteilHistoriker" ernannt.

© Andreas Schneiberg

Holger Ehling (Jg. 1961) ist Journalist, Sachbuchautor und Medienberater. Seit 1985 lebt er in Frankfurt, mit Unterbrechungen für seine Arbeit als Reporter in Afrika, Neuseeland, Großbritannien und Lateinamerika. Bis Ende 2005 war er Leiter der Unternehmenskommunikation der Frankfurter Buchmesse und ist heute nicht traurig darüber, dass der Umzug der Buchmesse nach München nicht zustande kam.